AF361105

MÉMOIRE

SUR

L'Origine, l'Imprescriptibilité, les Caractères distinctifs des différentes espèces de Dîmes,

ET SUR

La Présomption légale de l'Origine ecclésiastique de toutes les Dîmes tenues en Fief.

Par M. LANJUINAIS Fils, *Avocat au Parlement de Bretagne, & Docteur-Régent en Droit Canon des Facultés de Rennes.*

Il faut éclairer l'histoire par les loix, & les loix par l'histoire.
Esprit des Loix, Liv. XXXI. chap. 32.

A RENNES,

Chez { Mesdemoiselles VATAR, Libraires.

Et à PARIS,

BELIN, Libraire, rue Saint-Jacques.

MDCCLXXXVI.

TABLE.

PREMIÈRE PROPOSITION.

SECONDE PROPOSITION.

TABLE.

T A B L E.

TROISIÈME PROPOSITION.

QUATRIÈME PROPOSITION.

TABLE.

MÉMOIRE

POUR Meſſire JEAN-HYACINTHE COLIN DE LA BIOCHAYE, Vicaire-Général du Diocèſe de Saint-Malo, Abbé Commendataire de l'Abbaye de *Bonrepos*, Commisſaire des États de Bretagne, Demandeur en requête, à fin d'oppoſition aux Jugements des 28 mars & 15 juillet 1774.

CONTRE

Meſſire Touſſaints Des Cognets de Correc,

Dame Louiſe Le Moine, *veuve & communière de feu Meſſire Georges le Metayer, ſieur de Coëtdiguel;*

Demoiſelle Louiſe Le Couedic, *veuve de Joſeph Le Moulnier, tutrice des enfans mineurs de leur mariage;*

A *

Alain Rault & Petronille Auffret *sa femme*, *héritiers de Jean & Marie Le Basser ;*

Yves Davalan ;

Toussaints Hervé, *fils & héritier de Gilles Hervé ;*

Yves Le Bihan ;

Marie-Anne le Vieux, *veuve communière d'Yves-Claude Tilly, tutrice des enfans mineurs de leur mariage ;*

Julien Guillermo, *fils & héritier de Jean Guillermo ;*

Noble homme Jean-Baptiste-Mathurin Colin, *sieur Du Bourg, pour lui & ses freres & sœurs, héritiers du feu sieur Jacques Colin leur pere ;*

Écuyer Denys Guillart, *sieur De Marville, & Dame* Marie-Jeanne Tanguy *De Maisonneuve, son épouse ;*

Marc Dubois ;

Mathurin Mainguy, & Marguérite Caven, *sa femme ;*

Guillaume Rivallan, *tuteur des enfans mineurs de René Auffret & de Marie Guillermo ;*

Écuyer Pierre Jegou , *& Dame* Mauricette-Étiennette Sallio , *son épouse ;*

Le sieur Étienne Sallio , *fils & héritier du sieur Maurice Sallio ;*

Et autres ; tous Défendeurs.

DU PROCÈS,

Les Sieurs Prieur & Religieux de l'Abbaye de Bonrepos , *aussi Défendeurs.*

———

L'ABBAYE de *Bonrepos* reclame la dîme sur des champs épars & enclavés dans ses *dîmeries* en différentes paroisses, aux environs de Pontivy & de Corlay.

La dîme de l'Abbaye se leve à la onzième ou à la douzième gerbe, & se partage avec les Recteurs. Ils en ont communément le tiers ; & dans certains cantons, la moitié : l'autre moitié, ou les deux autres tiers, appartiennent aux Religieux.

On veut bien laisser lever par-tout exactement la portion des Recteurs ; mais l'autre partie d'un même tout, ces deux tiers ou cette moitié qui doivent revenir à l'Abbaye , les

défendeurs prétendent en exempter leurs héritages ; & malgré les titres de toute efpèce
qui établiffent l'univerfalité de la preftation
en chaque cours de dîme, ils exigent la preuve
d'une poffeffion fpéciale fur chaque piéce de
terre : en un mot, ils ne veulent payer qu'un
tiers ou une moitié de la dîme.

Les droits de l'Abbaye de *Bonrepos* lui fû-
rent, la plûpart, cédés ou donnés dans les
treizième & quatorzième fiécles, par les Vicomtes de Rohan, fes fondateurs.

Or, fuivant un fyftême auffi contraire aux
monumens de l'hiftoire qu'à ceux de la légis-
lation eccléfiaftique & civile, toutes les dîmes
tenues en fief, toutes celles qui font ou qui
furent autrefois poffédées' par des laïcs, ont
été originairement des impôts levés par le
Souverain, ou de fimples redevances foncières.

Les adverfaires s'emparent de cette vaine
hypothèfe : ils s'efforcent de l'accréditer par
les fuppofitions les plus outrées, par quelques
objections contre les titres de l'Abbaye ; &
foutiennent d'abord que les dîmes de *Bonrepos*
ne font dans le principe, que des tributs im-
pofés fur le peuple cultivateur, que des prestations féodales, qu'une forte de cens ou de
rente feigneuriale anciennement levée par les

Vicomtes de Rohan fur les terres de leurs colons poffédées en roture.

On fçait, d'un autre côté, que les devoirs
féodaux, imprefcriptibles en Bretagne, perdent ce privilége, auffi-tôt que le Seigneur de
fief les aliéne en retenant la mouvance fur les
fonds qui en font chargés. On fçait que dans
la main du ceffionnaire, ils fe perdent & s'é-
teignent par le feul défaut de poffeffion.

De ce principe vrai, les défendeurs tirent
une fauffe conféquence. Ils en inférent que les
dîmes de *Bonrepos*, qu'ils fuppofent à leur gré
féodales & profanes, font devenues, en paffant
aux Religieux, fujettes à s'éteindre par la prescription. Abufant enfuite du défaut d'actes recognitoires de ces mêmes dîmes, (défaut qui,
pour le dire en paffant, annonce leur origine
vraiment eccléfiaftique) ils alléguent en avoir
preferit la libération ; ils difent qu'on ne peut
les exiger fur leurs héritages, qu'en rappor-
tant la preuve d'une perception continue &
quadragénaire, fpécifiquement faite pour chacune de leurs piéces labourables.

Telle eft la prétention qu'ils ont eu l'art de
faire adopter par le jugement de 1774. Il n'eft
pas difficile d'en prévoir les conféquences.

L'hiftoire nous apprend que prefque toutes

les dîmes, & même les autres biens des Églises, se trouverent autrefois, par différentes
causes, dans les mains des laïcs : c'est en vertu
des actes de donation des Seigneurs, que jouis-
sent maintenant des dîmes la plûpart des établissements ecclésiastiques. On pourroit donc
leur opposer les raisonnements qu'on a faits
contre les Religieux de *Bonrepos*. Toutes les
fois qu'il y aura quelques vestiges d'un don
fait par un Seigneur laïc, on changera d'abord
la dîme en une simple redevance domaniale ;
puis on observera que le droit d'exiger cette
prestation, étant détaché de la mouvance, est
devenu sujet à la prescription ; & dès qu'on
l'aura fait regarder comme prescriptible, les
décimateurs ne pourront plus se fonder que
sur une possession qu'il faudra prouver sur chaque piéce de terre. Ils seront réduits, ou à
délaisser leur droit, ou à soutenir autant de
procès qu'il y aura de champs dans leurs dîmeries.

Mais si les dîmes, après même qu'elles sont
retournées à l'Église, étoient encore présumées
féodales d'origine, quelle force n'auroit pas
cette même présomption, contre celles qui sont
encore dans les mains des laïcs ? Les voilà d'un
trait devenues toutes prescriptibles, & bientôt

anéanties ou infiniment reduites , fi elles ne font reconnues dans les aveux des cultivateurs.

Ainfi la décifion qui interviendra doit confirmer ou profcrire une doctrine , qui ne tend à rien moins qu'à dépouiller de leurs dîmes tous ceux qui en perçoivent fans actes recognitoires, c'eft-à-dire, prefque tous les décimateurs du royaume, eccléfiaftiques ou féculiers.

Il ne s'agit donc pas feulement de l'avantage paffager d'un Abbé commendataire , auquel on affecte de témoigner une forte de confidération , pour mieux jetter de la défaveur fur fes démarches : il ne s'agit pas feulement de fruits que pourront recueillir à bon droit , & diftribuer en aumônes, des Religieux qu'on accufe de *pratiquer dans leur moutier des vertus inutiles au monde ;* comme fi toutes les vertus n'avoient pas , aux yeux du fage , des rapports plus ou moins directs avec le bien de l'humanité. Une difcuffion plus importante occupera l'attention des lecteurs : c'eft ici la caufe de prefque toutes les Églifes du royaume ; c'eft même celle de tous les décimateurs laïcs qui n'ont pas la mouvance dans l'étendue de leurs dîmeries.

Un fi grand intérêt eft bien fait pour balancer celui de quelques familles nobles ou non nobles, qui ne doivent leur franchife actuelle qu'à l'ufurpation, qu'à la négligence ou à la connivence des fermiers de l'Abbaye.

Si l'Abbé de *Bonrepos* réuffit dans cette affaire, comme il a tout lieu de l'efpérer, ce ne fera pas une conquête, ainfi qu'on cherche à le faire entendre : ce fera un retour à l'ancien état, une véritable reftitution. Mais l'objet n'en eft pas fi confidérable qu'on feint de le croire. Les défendeurs le portent à douze ou quinze mille livres de revenu; ils fçavent bien qu'il n'égaleroit pas à beaucoup près cette fomme, quand même on y comprendroit toutes les dîmes refufées nouvellement à chaque recolte (1), par l'effet inévitable des propos indifcrets & de la contagion des mauvais exemples.

Le jugement fouverain, dont on voudroit fe faire une égide, n'eft pas un préjugé fort impofant. Il condamna l'Abbaye de *Bonrepos*;

---

(1) Pendant la feule récolte de 1784, il y a eu pour 800 liv. de nouveaux refus de dîme faits aux fermiers de l'Abbaye & conftatés par des procès-verbaux. Le défordre a augmenté en 1785; il peut gagner bientôt dans les autres dîmeries voifines, & troubler toute la Province. Il ne ceffera pas de s'étendre, jufqu'à ce que le jugement de 1774 ne foit anéanti.

mais ce fut au mépris d'une multitude de tranfactions , d'arrêts & de fentences contradictoires avec les auteurs de la plûpart des adverfaires , & où l'univerfalité du droit en chaque dîmerie fut autrefois jugée ou reconnue au profit des Religieux.

Il condamna l'Abbaye ; mais ce fut par les fuffrages de trois proches parens de quelquesuns des défendeurs ; ce fut prefqu'auffi-tôt qu'on eut lancé contr'elle ce Mémoire ingénieux & fçavant que l'on vient de faire réimprimer comme victorieux , & dont on a publié l'analyfe en réponfe à la requête d'oppofition du fieur Abbé de la Biochaye.

Enfin il condamna l'Abbaye ; mais alors la Juftice n'habitoit plus dans fon temple, les citoyens dans le deuil gémiffoient de fon exil, & hâtoient par leurs vœux le retour des vrais magiftrats. Il ne falloit rien moins que des conjonctures auffi malheureufes , pour faire éclorre une décifion fi injufte.

Le roman des adverfaires fur l'origine des dîmes inféodées fait prefque l'unique bafe de leur défenfe : c'eft le centre où viennent aboutir leurs difficultés fondées fur les titres. On fe flatte de rendre leur fyftême inutile, de le détruire dans toutes fes parties, & de renver-

fer toutes les objections , en établissant les quatre Propositions fuivantes :

1°. QUELLE que foit l'origine des dîmes
tenues en fief , la plus ancienne poffeffion de
liberté n'eft pas un moyen d'exemption pour
les champs enclavés dans les dîmeries , fur-tout
pour celles qui font enclavées dans les dîmeries de *Bonrepos*.

2°. LES faits & les monuments de l'hiftoire
fuffifent pour qu'on doive préfumer eccléfias-
tiques dans leur principe , toutes les dîmes
dont la nature profane ou laïcale n'eft pas
clairement établie.

3°. LES loix eccléfiaftiques & civiles , & la
jurifprudence des arrêts , préfument que toutes
les dîmes font eccléfiaftiques d'origine.

4°. LE gouvernement perpétuel des dîmes
de *Bonrepos* , juftifié par titres depuis plus de
quatre fiécles , caractérife des dîmes originairement eccléfiaftiques.

PREMIÈRE PROPOSITION.

POSSESSION de liberté inutile pour exempter de dîme les champs enclavés dans les dîmeries de Bonrepos, *quelle que soit l'origine des dîmes de l'Abbaye.*

DÈS l'entrée de cette discussion, pour bannir l'équivoque, il est nécessaire de définir les termes.

Nous appellons dîmes *ecclésiastiques*, celles qui furent établies dans le principe afin de subvenir aux dépenses du culte divin & au soulagement des pauvres, & qui ont encore cette destination, en même temps qu'elles sont possédées sans charge de fief.

Toute espèce de dîme qui ne dérive pas des principes religieux, qui tire son origine de quelque institution civile, s'appelle proprement dîme *laïcale*, ou dîme *profane*.

La dîme laïcale est *domaniale* autrement *foncière*, lorsqu'elle est le prix de la concession d'un domaine, d'un fond de terre, transporté à la charge de cette redevance. Alors on l'appelle presque toujours *champart*, *terrage*, *agrier*, &c. & ces noms, ou d'autres analogues, levent toute équivoque sur l'origine & la nature de la redevance.

La dîme foncière est seigneuriale ou féodale, quand elle est dûe à un Seigneur ecclésiastique ou laïc, & qu'elle a été imposée au vassal par le contrat de féage.

En Bretagne, nulle terre & même nulle redevance foncière sans Seigneur : ainsi toutes dîmes foncières ou profanes y sont tenues en fief, relevent de quelque Seigneur ; mais toutes dîmes tenues en fief ne sont pas dîmes foncières. La plûpart des dîmes ecclésiastiques ont été inféodées, autrement afféagées, ou données en fief à des laïcs, par les Souverains & les grands Seigneurs, par les Prélats & Chapitres : d'autres ont été vendues & cédées en propriété par des Églises à des laïcs : plusieurs ont été usurpées ; & dans ces deux derniers cas, les possesseurs séculiers ont cru ne pouvoir mieux les conserver, qu'en les comprenant dans les aveux de leurs terres, & s'en inféodant (1) à leur choix, soit vers le Roi,

____

(1) D'Argentré, sur l'Art. 266 de l'anc. Cout. *ch. 22. n. 5.*

foit vers d'autres Seigneurs. Ces dîmes une fois poffédées en fief ont demeuré dans cet état : celles même qui ont rentré dans la maffe des biens de l'Églife, ont repris rarement leur première nature, & ont refté la plûpart fous les liens de la féodalité, malgré les promeffes & les loix contraires de quelques Souverains.

Ce font ces dîmes d'origine eccléfiaftique, & néanmoins tenues en fief, qu'on appelle proprement, en Bretagne, dîmes *inféodées*, foit qu'elles appartiennent au Clergé, foit qu'elles forment le patrimoine des familles. On ne peut guères les diftinguer que par conjectures, d'un petit nombre de dîmes vraiment féodales qui fe font établies dans la Province. Mais il fuffit que l'origine profane d'une dîme tenue en fief ne foit pas reconnue ou démontrée, pour que cette dîme foit préfumée dîme eccléfiaftique dans fon principe, & pour que nous la nommions en conféquence *dîme inféodée* (I) ; tandis que nous l'appellons dîme foncière, fi l'origine laïcale eft certaine.

Au contraire, dans le refte du royaume, on entend généralement par *dîme inféodée*, toute

____

(1) D'Argentré, fur l'Art. 266 de l'anc. Cout. *ch.* 22. *n.* 5. Journal du Parlement de Bretagne, *tom.* IV. *ch.* 73. Principes du Droit Français, *tom.* III. *p.* 176. *n.* 46. *p.* 236. *& fuiv.*

dîme tenue en fief ; & même toute dîme pos-
fédée par des laïcs, fans excepter celle qui feroit prouvée purement foncière ; en forte qu'il
fuffit qu'une redevance annuelle à prendre en nature fur les fruits de la terre, porte le nom de dîme, & ne foit pas eccléfiaftique, au fens rigoureux de notre définition, pour que, hors de la
Bretagne, on la qualifie de dîme inféodée (1). Il

____

(1) Comment. fur l'Édit du mois de mai 1768, *tome I.*
p. 558. Préambule de l'Édit du mois de juillet 1708, *fur les*
dîmes inféodées. Drapier, *Recueil de décifions fur les dîmes.*
On difpute, en Bretagne, fi une dîme tenue en fief eft
foncière ou inféodée ; au lieu qu'en France on examineroit
plutôt fi telle dîme inféodée eft ou non d'origine eccléfiaftique. C'eft au fond la même queftion fous des termes différents. Une bonne preuve qu'en France on ne fait point
de diftinction, entre ce que nous appellons en Bretagne dîmes *féodales* & dîmes *inféodées*, c'eft que les anciennes
Ordonnances, celles de 1290, 1294, 1302, 1303 & 1313,
ne connoiffent que deux fortes de dîmes : les dîmes *féoda-*
les, que la Déclaration de 1686 & les loix poftérieures
appellent dîmes inféodées ; & les dîmes *non féodales*, qui
font les dîmes eccléfiaftiques. L'Ordonnance de 1294 renouvelle celle de S. Louis de 1269 ; & dans celle de 1294, on appelle *dîmes féodales* celles que S. Louis avoit défignées comme
eccléfiaftiques d'origine, par ces mots : *Quas clerici percipe-*
rent, fi laïci eas non perciperent ; desquelles les gens d'É-
glife euffent la poffeffion, fi les gens laïcs ne les teniffent,
comme le porte le Texte Français. *Voyez* la *Collection des*
Ordonnances, par De Lauriere, *tome I. p.* 104, 319, 325,
342 & 404.

faut s'en souvenir, si l'on veut comprendre les citations des Auteurs Français touchant le droit de s'exempter, par la prescription, des dîmes tenues en fief.

Supposant d'abord qu'il s'agit de dîmes reconnues d'origine ecclésiastique, la question ne souffre point de difficulté.

En Bretagne, & dans presque toute la France, s'il y a une maxime certaine en matière de dîmes ecclésiastiques d'origine, c'est que, dans quelque main qu'ait passé le droit de les percevoir, tout cultivateur doit les payer sur les fruits qui sont décimables, suivant la coutume des lieux.

Cette maxime est fondée sur les textes des Ordonnances. Dans l'art. XLVII. de celle de Blois, le législateur annonce qu'il a voulu *pourvoir à la diminution notable qu'on voyoit croître de jour à autre des biens ecclésiastiques*, laquelle provenoit en partie du refus que plusieurs faisoient de payer les dîmes : en conséquence, l'art. L. porte : *Les propriétaires & possesseurs des héritages sujets à dîme* (1) *ne pourront*

____

(1) La loi dit *héritages sujets à la dîme*, pour exclure les maisons, la plûpart des jardins & enclos, les terres appartenantes aux établissements qui sont exempts de dîme, & toutes celles dont les fruits ne sont pas décimables.

alléguer preſcription ou poſſeſſion autre que celle de droit. L'art. XXIX. de l'Édit de Melun eſt conçu dans les mêmes termes. Cette *preſcription ou poſſeſſion de droit*, ſeule autoriſée, eſt celle qui règle l'eſpèce des fruits décimables, ou qui en fixe la quotité ſuivant l'uſage du territoire, ſans conſidérer celui de quelques particuliers. Nulle poſſeſſion ne peut ſouſtraire l'héritage au droit de dîme : il n'y a d'exemption abſolue, que celle qu'on peut juſtifier par des titres formels & légitimes, par des titres conſtitutifs, & non par des actes ſimplement poſſeſſoires.

Sur ce point, les Auteurs anciens & nouveaux ont un langage uniforme. M. Jean Des Mares, Avocat du Roi au Parlement de Paris, (*Déciſion* 113) écrivoit, il y a 400 ans : *On ne peut preſcrire dîmes, par quelque longueur de tems qu'on les délaiſſe de payer.* Rebuffe, Grimaudet, Forget, dans leurs *Traités des dîmes*, tiennent la même doctrine ; de même auſſi, Duaren, Fevret, Chopin, Theveneau (1), Brodeau (2), &c. &c. On pourroit citer en-

(1) Comment. ſur les Ord. *liv.* I. *tit.* 13. *art.* 5.

(2) Sur M. Louet, *lettre* D. *ſomm.* 1. *n.* 10. *Voyez* les Auteurs cités par le dernier Annotateur de notre Cout. ſur l'art. 271. *p.* 205. *note* (7).

core

core ceux qui ont écrit dans notre fiécle ;
mais D'Héricourt peut tenir lieu de tous les
autres. » Perfonne, dit-il, ne peut alléguer
» de prefcription ou de poffeffion de ne point
» payer la dîme : il ne faut excepter que les
» Eccléfiaftiques & les Communautés réguliè-
» res, qui ont un titre légitime d'exemption.
» La prefcription de droit dont parle l'Or-
» donnance de Blois, ne concerne que la quo-
» tité (1) «.

Des arrêts en grand nombre ont jugé en
conformité. Tels font l'arrêt de 1641, rapporté
au *Journal des Audiences*, *tome* I. *liv.* 3. *ch.* 37;
ceux des 31 août 1660 & 9 mars 1718, qu'on
trouve fous leurs dates dans le même Recueil.

La Bretagne, en cette partie, fuit le droit
commun du royaume. *Recepta fententia eft*, dit
D'Argentré (2), *nec confuetudine, nec confenfu,*
nec præfcriptione adquiri poffe decimarum exemp-
tionem, etiamfi totis mille annis nihil effet folu-
tum. L'auteur des *Principes du Droit Français*
à l'ufage de cette Province, *tome* 3. *p.* 128,
153, 160, répéte & confirme la même vérité.
Ici viennent différents arrêts rendus au Par-

---

(1) *Loix Eccléfiaft.* part. 4. ch. 1. n. 11.
(2) *Ad art.* 266. veteris Confuet. *cap.* 22. *n.* 10.

lement de Bretagne , & indiqués par Hevin fur Frain , *page* 13 , par Devolant , *verbo* DIMES. Il en eft un d'autant plus remarquable , qu'il fe trouve dans une efpèce plus rapprochée de la nôtre : c'eft celui du 10 juin 1748 , rapporté au *Journal du Parlement* , *tome 4. ch. 9.*

L'Abbaye de Prières poffédoit les deux tiers de la dîme en la Paroiffe d'Elven ; le Recteur poffédoit l'autre tiers. On oppofoit à l'Abbaye la prefcription ; l'on prétendoit , comme ici , que payant un tiers de la dîme au Curé , ce n'étoit qu'une prefcription de quotité. Ces raifons n'eurent aucun fuccès : il fut jugé , que » lorfqu'un décimateur a part dans une dîme » fixée à une certaine quotité , il doit y par- » ticiper dans tous les héritages où cette dîme » a cours ; parce qu'autrement ce feroit prefcrire contre la totalité du droit d'un codécimateur , en un mot prefcrire le fond de la dîme.

C'eft la même règle généralement pour toutes les dîmes tenues en fief , indépendamment de leur origine , & fuppofant même qu'elle foit prouvée laïcale.

Les priviléges doivent accompagner les charges : c'eft un de ces axiomes d'équité qui n'ont pas befoin de preuve. Or les dîmes tenues en

(19)

fief contribuent aux dépenfes du culte : elles y contribuent en France, lors même qu'elles font prouvées vraiment foncières (1); & en Bretagne, pourvû qu'on puiffe les préfumer eccléfiaftiques, & que leur origine laïcale ne foit pas démontrée (2) : elles doivent être imprefcriptibles comme les dîmes eccléfiaftiques, puifqu'elles ont fubfidiairement la même deftination religieufe qui procure à celles-ci le privilége de l'imprefcriptibilité. L'état de la jurifprudence eft ici d'accord avec l'analogie.

Du Pleffis s'eft appliqué à établir ce principe dans fa *Confult*. 25. *in fine*. Il le fonde fur l'arrêt d'enregiftrement de l'édit de Melun. Cet édit rejette, comme on l'a vû, toute prescription du fond de la dîme eccléfiaftique : l'arrêt d'enregiftrement du Parlement de Paris porte : Que *le femblable fera gardé pour les dîmes inféodées*. On prie de fe rappeller, pour cette citation & pour les fuivantes, qu'à Paris on entend par *dîme inféodée*, toute dîme tenue en fief.

______

(1) Commentaire fur l'édit du mois de mai 1768, *tom*. II. *p*. 572.

(2) Principes du Droit Français, *tome* III. *p*. 176. *n*. 64. & *fuiv*.

Le même auteur nous fournit l'arrêt du 13 mars 1625, rendu suivant les conclusions de M. l'Avocat-Général Talon, rapporté au *Journal des Audiences*, & qui rejetta la preuve offerte d'une ancienne possession de ne pas payer de dîmes inféodées.

Du Perray rapporte un arrêt du 14 août 1664, qui jugea de même en faveur d'un laïc décimateur inféodé (1). Il en cite un autre du 18 mai 1703, qui a décidé de la même manière une question pareille, au profit d'un autre laïc (2).

Henrys & Bretonnier nous ont conservé plusieurs arrêts semblables (3).

Drapier pose en maxime, que *la dîme inféodée n'est pas prescriptible* (4).

Il faut citer encore le célèbre D'Héricourt. » Ceux qui sont sujets à la dîme *inféodée*, » dit-il, en prescrivent la quotité; mais un » particulier ne peut objecter au décimateur » laïc, qu'il est en possession immémoriale de » ne point payer la dîme (5).

---

(1) Du Perray, *Traité des dîmes*, tom. I. p. 500. *& suiv.*

(2) *Ibid.* p. 348, 349.

(3) *Liv. I. ch. 3. quest. 25.*

(4) Décis. sur les dîmes, *tome II. p. 52.*

(5) Loix Ecclésiastiques, *partie 4. ch. 1. n. 46.*

On pourroit ajouter De Jouy (1), Renauldon (2), Routier (3), de La Combe, &c. Celui-ci rapporte trois arrêts des 20 mai 1702, 11 juillet 1703, & 24 juillet 1733, qui ont confirmé au profit de trois laïcs l'imprefcriptibilité des dîmes tenues en fief (4).

Enfin l'auteur des *Principes du Droit Français fuivant les maximes de Bretagne*, en même temps qu'il foutient que *le plus grand nombre de nos dîmes inféodées font originairement des dîmes foncières*, eft forcé de convenir que *les règles contre la prefcription de l'exemption font les mêmes pour la dîme inféodée, que pour la dîme eccléfiaftique* (5).

Mais deux circonftances particulières fe rencontrent dans notre efpèce, & fuffifent pour décider la queftion en faveur de tout décimateur laïc, fuppofant même la dîme féodale d'origine & détachée de la mouvance. L'une

---

(1) Principes des dîmes, *ch.* 8. *n.* 23.

(2) Traité des droits feigneuriaux, *p.* 191. & 192.

(3) Pratiques Bénéficiales, *p.* 37. Il excepte le cas où il feroit prouvé, *par un titre formel*, que la dîme inféodée fût originairement un bien purement profane, une redevance feigneuriale. Mais il s'en faut bien que les défendeurs foient dans le cas de cette exception.

(4) Jurisprudence Can. *verbo* DIMES, *fect.* 10. *queft.* 10.

(5) *Tome* III. *p.* 176. & *fuiv. p.* 179. *n.* 51.

eſt que les héritages qu'on veut exempter ſont épars dans l'enclave des dîmeries de *Bonrepos ;* & l'autre , que l'Abbaye étant co-décimatrice avec les Recteurs dont on reconnoît le droit univerſel , n'ayant qu'une même dîme avec eux , quoique levée ſéparément , a toujours conſervé ſa poſſeſſion par le fait des Recteurs.

Et d'abord , l'argument de l'enclave eſt ici des plus preſſants. La partie doit être de même condition que le tout : lorſqu'un droit eſt fondé ſur le total d'un territoire , il s'étend naturellement ſur chaque partie de ce territoire, s'il n'y a preuve contraire ; & par l'exercice du droit ſur quelques parties , il eſt conſervé ſur le tout. Cette règle eſt développée par D'Argentré , d'après les anciens docteurs (1) : *Ubi jus à toto duxeris in totum , neceſſariò eveniet , ut ſubjectæ ejus partes & individuæ , eidem juri ſubjiciantur. . . . . Per exercitium jurium in partes , poſſeſſio totius retinetur.* Ici le droit de l'Abbaye ſur le tout , c'eſt-à-dire ſon droit univerſel en chaque Paroiſſe , ou en chaque cours de dîmes , eſt prouvé par une multitude de titres qui ne laiſſent rien à deſirer. Ainſi l'application du principe eſt juſte & directe.

______

(1) *Ad art.* 277. *veteris Conſuet.* gl. d. n. 2 & 4.

(23)

Il a été confirmé en Bretagne, par deux arrêts qu'on trouve cités dans le *Journal du Parlement*, & rendus au profit de deux décimateurs laïcs, M. le Vicomte & M. de Tremerreuc. Ces *arrêts ont décidé, que les terres & même des métairies entières enclavées dans un cours de dîmes y sont sujettes, quoique de tems immémorial la dîme n'y ait pas été levée* (1).

Telle est aussi la jurisprudence du Parlement de Paris. Il y en a deux arrêts bien remarquables, l'un du 30 avril 1644, l'autre du 18 juin 1681 ; tous deux également au profit de deux décimateurs laïcs (2).

Mais cette circonstance est particulièrement décisive, que la gerbe fidellement payée au Recteur dans toute l'étendue de chaque Paroisse ou de chaque dîmerie de *Bonrepos*, n'est que le tiers ou la moitié, & non le total, de la dîme. Ce fait est prouvé par autant de titres qu'il en existe au procès, & par une foule d'autres qu'il seroit inutile d'y joindre. Il est également certain & prouvé par la plûpart des mêmes titres, que les Recteurs & l'Abbaye perçoivent séparément la part qui leur revient dans la dîme commune.

─────────

(1) Journal du Parlement, *tome IV. p.* 34.

(2) Journal du Palais, *tome II.* 220 & 221.

Or, en pareil cas, on ne fçauroit dire que payant à l'un des décimateurs fa part, & ne payant rien à l'autre, on ait preſcrit le droit de ne payer que la part de l'un d'eux. En effet, les décimables n'ont pu entendre payer au Curé la totalité de la dîme; celui-ci n'a pas entendu recevoir le total, mais ſeulement ſon tiers ou ſa moitié. C'eſt le tiers ou la moitié que lui donnent ſes titres communs avec l'Abbaye ; c'eſt le tiers ou la moitié qu'il donne à ferme ; c'eſt le tiers ou la moitié qu'il perçoit, quand il jouit par ſes mains. La poſſeſſion de ceux qui prétendent avoir preſcrit, a donc été de payer le tiers ou la moitié ; car la posſeſſion ſe détermine par les titres qui lui ſervent de fondement. Celle dont il s'agit, n'a pu qu'entretenir & conſerver l'obligation de payer le tout ; parce que chaque paiement d'une gerbe, par exemple, pour le tiers ou la moitié de la dette, eſt une reconnoiſſance de devoir deux ou trois gerbes pour le droit entier. Cette raiſon eſt péremptoire ; elle détermina l'arrêt de 1748 ci-devant rapporté, & dispenſa la Cour d'examiner quelle étoit la nature des dîmes de l'Abbaye de Prières.

Les principes généraux de la matière des dîmes, & ceux qui ont un rapport particulier à

l'efpèce, concourent donc à rendre inutile la
prétendue poffeffion de liberté des défendeurs,
fans qu'il foit befoin de s'épuifer en études &
en méditations fur la nature & fur l'origine
des dîmes tenues en fief. Mais plus on conful-
tera les faits & les monuments de l'hiftoire ;
& plus on fera convaincu de la fauffeté du
fyftême qui les fuppofe toutes profanes & domaniales.

SECONDE PROPOSITION.

Il résulte des faits & des monuments de l'Histoire, qu'en Bretagne, comme dans toute la France, presque toutes les dîmes tenues en fief sont ecclésiastiques d'origine.

C'EST ce que le sieur Abbé de la Biochaye ne craint pas de démontrer avec évidence, parce qu'il peut le faire sans offenser la mémoire des illustres fondateurs & bienfaiteurs de son Abbaye. Loin d'ici les reproches d'ingratitude si injustement prodigués aux Religieux de *Bonrepos*. Il s'en faut bien que les Seigneurs aient toujours acquis les dîmes des Églises par l'usurpation & par la violence. Leur jouissance fut souvent légitime : on doit la supposer telle, jusqu'à la preuve du contraire; & sans doute les titres les plus respectables avoient procuré aux Vicomtes de Rohan les dîmes de presque toutes les paroisses de leur Seigneurie.

Mais enfin, ces dîmes étoient ecclésiastiques dans leur principe. La première preuve qu'on en donne, c'eſt que leur origine laïcale n'eſt point juſtifiée, & qu'en Bretagne, comme dans le reſte de la France, la plûpart des dîmes que poſſédent ou poſſédèrent autrefois les laïcs, ſont l'ancien patrimoine des Égliſes. L'allégation contraire oppoſée fait comme l'unique reſſource des défendeurs : il ne ſera donc pas ſurprenant que l'on traite avec étendue cette partie de la cauſe. Elle a exigé des recherches profondes & laborieuſes ; mais la vérité reconnue dédommage avec uſure des peines qu'on s'eſt données pour l'établir. Il eſt ſatisfaiſant de renverſer un ſyſtême deſtructeur des propriétés les plus ſacrées, & de juſtifier en même temps une des maximes fondamentales ſur leſquelles repoſe tout le ſyſtême de nos loix & de notre juriſprudence ſur la matière des dîmes.

Séduits par l'intérêt & par la prévention la plus outrée, il n'y a point de ſi révoltant paradoxe que les défendeurs ne ſoutiennent, pourvû qu'il puiſſe favoriſer leur prétention. C'eſt peu pour eux d'avancer que toutes les dîmes poſſédées autrefois par des laïcs, étoient des preſtations féodales : ils voudroient perſuader que toutes les dîmes, au moins toutes celles du Clergé de Bretagne, ſont originaire-

(28)

ment des tributs , des rentes ſur les terres tenues en roture, des cenſives tranſportées par
les Seigneurs aux Égliſes, & que ces redevances ne ſont devenues univerſelles en chaque
lieu, que par l'aſſujettiſſement volontaire des
poſſeſſeurs des héritages nobles. (*Mémoire de
1772 , p. 18. Réponſe de 1785 , p. 11 , 14 & 17.*)

Ainſi , point de dîme eccléſiaſtique univerſelle dans aucun canton de la Bretagne ; car
on trouve par-tout des terres nobles entremê-
lées avec des terres roturières.

Ainſi , toutes les dîmes ſur les terres roturières ſeroient de véritables champarts ou terrages ; toutes ſeroient, du moins en Bretagne,
exemptes de contribuer aux charges des dîmes
eccléſiaſtiques, à la portion congrue, aux réparations du chœur & chanceau, à la fourniture des ornements , lors même que ces dîmes
ſeroient dans la main du Clergé ; & toutes
contribueroient aux levées de deniers dans les
paroiſſes.

Ainſi, toutes les dîmes ſur les terres roturières pourroient être ſujettes à s'éteindre par
la poſſeſſion de liberté, à moins que le Seigneur direct de ces mêmes terres n'en fût auſſi
le décimateur, & que l'impreſcriptibilité ne
fût établie comme elle l'eſt en Bretagne, entre
le Seigneur & le vaſſal.

N'eſt-ce pas aſſez réfuter une doctrine, que de montrer qu'elle eſt deſtructive des règles les plus élémentaires, & de nos uſages les plus conſtants ?

Mais il faut entrer dans les détails, il faut examiner le ſyſtême des défendeurs dans toutes ſes parties : en voici le tableau exact.

1°. Avant qu'il y eût des dîmes eccléſiaſtiques, il exiſtoit en France & en Bretagne une dîme impoſée ſur les cultivateurs, & qui faiſoit le principal revenu des Royaumes & des Seigneuries telles que la Vicomté de Rohan, *qui eſt une éclypſe de la Souveraineté de Bretagne.*

2°. Les dîmes eccléſiaſtiques ne furent établies en France que dans le neuvième ſiécle. Elles ne furent *préchées* en Bretagne, que dans les neuvième & dixième ſiécles ; elles n'y ont jamais été ordonnées par aucune loi préciſe. L'unique ſens auquel on puiſſe dire que les dîmes eccléſiaſtiques ont été reçues dans cette Province, eſt qu'*à la fin du dixième & dans l'onzième ſiécle,* après l'expulſion des Normands, le Clergé Breton parvint à obtenir de la libéralité des Seigneurs le tout ou partie, ordinairement le tiers ou le quart des dîmes laïcales, & à rendre ces dîmes univerſelles dans chaque canton, en les étendant, par un uſage paſſé

en force de loi, fur les terres que leur nobi-
lité avoit fouftrait à ce genre de tribut.

3°. *Jamais en Bretagne la dîme eccléfiaftique*
n'a paffé dans des mains laïques : c'eft uniquement la dîme feigneuriale qui a paffé en tout
ou partie dans les biens du Clergé, par les
donations qu'en firent les Seigneurs dès le
dixième fiécle & dans les temps poftérieurs.
Si les Seigneurs, en donnant ces dîmes, donnèrent auffi les églifes, les offrandes & les
droits de fépulture, tous les droits curiaux ;
il faut bien fe garder de croire, que les dîmes
fuffent poffédées au même titre que ces dernières efpèces de biens, & que les unes comme
les autres ne fiffent que retourner à leur deftination primitive. Les dîmes étoient des tributs, des redevances feigneuriales ; au lieu
que les autres droits qui s'y trouvoient réunis, & que les Seigneurs poffédoient auffi
avec les églifes, n'étoient pas véritablement
des droits féodaux.

Telle eft l'analyfe fidelle du roman qu'on
veut mettre à la place de l'hiftoire : c'eft avec
de tels moyens qu'on s'eft flatté d'enlever aux
églifes, & aux décimateurs laïcs, leurs propriétés les plus légitimes, de détruire ce
qu'il y a de plus certain dans notre juris-

prudence. Discutons féparément chaque partie de ce nouveau fyftême.

I.

EXAMEN des preuves générales de l'ancienne exiftence des dîmes laïcales en France & en Bretagne.

VOYONS d'abord s'il y a quelque preuve de l'ancienne exiftence d'une dîme *levée autrefois fur les peuples, par les Souverains & les Grands, lorfque les Français s'emparerent des Gaules, & que les Bretons fe fixerent dans l'Armorique.* Voyons fi les Rois Francs, fi les Princes ou Seigneurs Bretons, ont jamais joui de femblables revenus avant l'établiffement des dîmes eccléfiaftiques.

Il n'y a rien de plus vague, de moins concluant, & même de plus contradictoire, que tout ce qui a été dit fur ce fujet par les défendeurs.

Quelle étoit cette dîme prétendue ? Ils en ignorent la nature. Tantôt, c'eft une *dîme domaniale impofée fur les cultivateurs, lors de la translation du domaine utile* (1) : tantôt, c'eft *un éta-*

____

(1) Mém. de 1772 *in-4o. page* 20. *n.* 1.

blissement politique & un impôt mis par les Sou-
verains & par les Grands (1).

Quelles sont les preuves de son existence, en France & en Bretagne? Elles sont vraiment curieuses. C'est que le Patriarche Joseph l'avoit établie au profit des Rois d'Égypte, après avoir acheté, dans un tems de famine, toutes les terres de ce royaume. C'est que, dans le gouvernement théocratique des Juifs, Dieu s'étoit réservé la dîme en signe de souveraineté, avant de la donner aux Lévites, auxquels ont succédé les Prêtres de l'Église chrétienne. C'est que le Prophête Samuel, décrivant les abus de la puissance royale aux Hébreux qui demandoient un Roi, leur prédit qu'il se croira permis de lever la dîme de leurs fruits, comme de leur imposer toutes sortes de corvées, de prendre leurs filles pour en faire ses parfumeuses, de s'emparer de leurs champs, de leurs vignes, de leurs plus beaux plants d'oliviers, & de se livrer aux autres excès défendus aux Rois d'Israël dans le Deuteronome, *ch. 17. v. 14.* C'est enfin, qu'au rapport de Diogène Laërce, dans la vie de Solon, le tyran Pisistrate écrivit à ce philoso-

____

(1) Mém. de 1785, intitulé *Réponse*, page 5.

phe ,

phe, qu'il ne s'étoit point approprié l'impôt du dixiéme du patrimoine de chaque Athénien (1).

Les preuves suivantes sont de la même force.

Les Romains se faisoient payer la dîme des bleds & des vins par certains peuples de la Sicile & par d'autres nations. C'est tout ce qu'on apprend dans les passages qu'on objecte de Ciceron & de Tite-Live, & ce qu'on peut voir sçavamment expliqué dans les ouvrages de Sigonius *De antiquo jure Provinciarum*, dans les traités de Boulanger & de Burman *De vectigalibus Populi Romani*, enfin dans le *Syntagma Antiquitatum Romanarum* d'Heineccius, *Append. libri primi*, §. 60, 114 & 115. Il ne s'ensuit pas que les Gaules, & sur-tout l'Armorique, aient jamais payé des dîmes aux Romains.

La loi IX. du Code Justinien, *liv. 10. tit. 70. De susceptoribus*, est une citation également

---

(1) Si les défendeurs avoient ouvert une simple version de Diogène Laërce, ils auroient vû que ce dixième étoit levé aussi *pour les sacrifices publics*, & ils eussent craint d'y trouver une image de notre dîme ecclésiastique. S'ils avoient consulté le Texte Grec, ils auroient vû qu'il s'agissoit du *dixième du patrimoine de chaque Athénien*, & non pas d'une *dîme de fruits*, comme porte mal-à-propos la version latine de Casaubon. Ils n'eussent donc point imaginé la dîme payée par *les paysans de la Grece*.

C

déplacée. Cette loi fut faite pour la Préfecture d'Orient, comme l'a obfervé Jacques Godefroy (1) d'après l'infcription. Vous n'en pouvez donc rien conclure pour les terres de la Préfecture des Gaules, non plus que pour celles des Préfectures de l'Italie ou de l'Illyrie. Au furplus, dans ce texte il n'eft pas queftion de dîmes, mais d'un impôt en nature fur les terres du fifc, & qui fut reftraint par cette loi au cinquantième des bleds [c'étoit le centième (2) par une loi de Conftantin], au quarantième de l'orge, & au vingtième du vin & du lard. Il fe payoit par quartier, de quatre mois en quatre mois, fuivant un rôle d'impofition envoyé chaque année aux Décurions, & remis par eux aux collecteurs (3). Il n'y a pas un texte du Digefte ou des Codes Théodofien & Juftinien, ni des Novelles, qui parle d'une dîme des produits de la culture.

On invoque Céfar & Tacite ; on croit y découvrir *des traces* d'une dîme établie de leur

____

(1) *Voyez* fur la loi XXI. au Code Théodofien, *liv.* 12. *tit.* 6.

(2) *Ibidem.*

(3) *Voyez* Jacques Godefroy fur le Code Théod. *liv.* 11. *tit.* 1. *& loi* 15. *&* 16. au même titre, *De annonâ & tributis*, & dans les Pandectes de Pothier, le titre *De cenfibus*, *n.* 14.

temps dans la Germanie & dans les Gaules. Mais ce font des traces chimériques : il faut être bien ingénieux, ou exceffivement préve- nu, pour les appercevoir.

Céfar, dans fes Commentaires, parlant en citoyen d'une République dont les mem- bres fe croyoient au deffus des Rois, regar- dant comme à peu près efclave quiconque n'a point de part au gouvernement, a dit : » Il n'y » a dans la Gaule, que les Druides & les Che- » valiers qui foient comptés pour quelque » chofe. Prefque réduit à l'efclavage, le peu- » ple ne peut rien par lui-même ; il n'eft point » admis dans les confeils de la Nation : *Plebs penè fervorum loco, quæ per fe nihil audet, & nulli adhibetur confilio.* Voilà ce qu'on appelle une *trace* de l'impofition de la dîme fur les cultivateurs Gaulois.

Tacite décrit les mœurs des Germains. » Leurs » efclaves, dit-il, ne font pas, comme les nô- » tres, employés dans la maifon à différents » miniftères : chaque ferf a fa demeure fépa- » rée. Il eft tenu, comme un colon, de four- » nir à fon maître du bled , du bétail & des » habits ; c'eft à quoi fe réduit l'efclavage chez » les Germains : *Servis non in noftrum morem defcriptis per familiam minifteriis utuntur. Fru-*

menti modum dominus aut pecoris, aut vestis, ut colono injungit : & servus hactenus paret. Il s'en-suit qu'en Allemagne il y avoit des esclaves qui labouroient pour leurs maîtres, & leur fournissoient les choses nécessaires à la vie. Mais ces prestations arbitrairement réglées ne ressemblent pas à nos dîmes ; & ce pouvoit d'autant moins être un impôt territorial, ou une redevance exigée pour la translation du domaine utile, que les Germains alors étoient des peuples nomades. Dispersés par hordes in-dépendantes, ils n'avoient ni terres ni limites qui leur fussent propres : sans habitation fixe, ils en changeoient tous les ans au gré de leurs besoins, de leurs chefs & de leurs caprices (1).

Les Romains devenus maîtres des Gaules ne purent y *conserver* une imposition qu'ils n'y

----

(1) *Agricultura non student, majorque pars victûs eorum lacte & caseo & carne consistit, neque quisquam agri modum certum aut fines proprios habet, sed magistratus ac principes in annos singulos, cognationibusque hominum qui unà coie-runt, quantum eis & quo loco visum est attribuunt agri ; atque anno post alios transire cogunt.* Cæsar de Bello Gallico, ubi de Germanis dicit. *Colunt discreti ac diversi, ut fons, ut campus, ut nemus placuit . . . . . . Agri pro numero cultorum ab universis per vices occupantur . . . . Arva per annos mutant. . . . . . .* Tacite, De morib. Germ. cap. 16. & 26.

trouvèrent pas en ufage. S'ils levèrent fur les denrées un tribut en nature, des droits d'une efpèce approchante de nos champarts, ce fut feulement dans la Gaule Narbonnoife; on ne voit pas du moins que la Gaule feptentrionale, qu'ils appelloient *Gallia comata*, ait été foumife à cette preftation. Au contraire, elle payoit l'impôt en argent; elle étoit *ftipendiaria*, & non pas *tributaria* : diftinction importante, & qu'on trouve établies dans les ouvrages fur cette matière (1).

Un auteur, qui femble avoir d'abord imaginé une *Hiftoire de France*, & puis n'avoir lu les anciens monuments que pour y prendre ce qui feroit favorable à fes opinions, l'abbé Dubos eft l'oracle des adverfaires ; c'eft lui qui leur a fourni toutes les recherches fur les terres *décumanes*, afin de perfuader que les Gaules payoient aux Romains la dîme des fruits. L'abbé

____

(1) *In re vectigali, diverfa Narbonenfis & Comata fuit conditio. Narbonenfi* agrarium *potiffimum vectigal eft impofitum, Comata verò* ftipendiarium. Sigonius, *De antiquo jure Provinciarum*, lib. 1. cap. 6.

Stipendiaria Provincia fuit Gallia comata. Heineccius, Antiquitatum Synt. Append. lib. 1. §. 114. Sur quoi il cite un paffage bien précis de Suétone dans la vie de Jules Céfar, *cap.* 15.

Dubos a longuement paraphrafé (1) un long paffage du premier livre d'Appien, *Des guerres civiles :* les défendeurs ont abrégé cette paraphrafe ; & ce qu'il y a d'admirable, c'eft que le paffage ne convient ni au tems ni au pays auxquels on veut l'appliquer. Il n'y eft queftion que des terres fituées *en Italie* ; il n'a pour objet que de faire connoître l'origine des loix agraires & l'occafion des mouvements excités par les Gracques, cent ans avant que Céfar eût conquis la Gaule. Appien nous apprend dans le même livre (2), que ces terres décumanes de l'Italie, les feules dont il faffe mention, furent affranchies de toute redevance par la loi d'un Tribun qu'il ne nomme pas ; & Cicéron confirme ce fait. Il fe plaignoit à fon ami Atticus, que les impôts *domeftiques* étoient prefque nuls, & qu'il n'en reftoit point d'autre, en Italie, que le vingtiéme de la valeur des efclaves affranchis (3).

---

(1) *Appianus, De Bellis civ.* liv. 1. p. 353. édition Grecque & Lat. de Henri Étienne, 1592. *in-fol.* Établiffement de la Monarchie Françoife dans les Gaules, *liv.* 1. *ch.* 11. tome I. p. 155, 156, 157. *in-12.*

(2) *Ibidem,* p. 365. & 366. *Ita elufis femel Gracchi legibus, ... non multo poft alius Tribunus plebis, tributum etiam abrogavit ; plebi nil factum eft reliquum.*

(3) Lettres à Atticus, liv. 2. ép. 16. *Vectigal nullum fupereft domefticum præter vicefimam.*

(39)

Vient enfuite un paffage de Procope dans fon *Hiftoire fecrette de la Vie de Juftinien ;* c'eft encore l'abbé Dubos qui l'indique, *tome I. p. 167.* Mais fi cet Auteur appelle mal-à-propos fur la fcène Appien & Procope ; fi, de conféquence en conféquence, il en tire de faux réfultats ; du moins, il ne prend pas fon texte à contre-fens, & c'eft un malheur qui arrive aux adverfaires.

A les entendre, non feulement l'État avoit des terres décumanes ou fujettes à l'impôt du dixième en nature ; mais *ces riches citoyens de Rome, dont le luxe égaloit celui de nos rois,* en avoient auffi, & ce font en partie ces terres qui forment nos dîmes tenues en fief. La preuve eft que, fuivant Procope, lorfque l'Empereur confifquoit les biens de fes fujets, il s'abftenoit des terres décumanes chargées de lourds impôts, & les abandonnoit aux anciens poffeffeurs.

Remarquez d'abord, qu'il s'agit des terres décumanes de l'empire d'Orient, des États de Juftinien, qui régnoit plus de cent ans après l'établiffement des Francs dans les Gaules. Il put bien fe glorifier du titre de *Francicus ;* mais non pas confifquer des domaines dans les Provinces de France ni dans l'Armorique.

(40)

En second lieu, les terres décumanes dont parle Procope, sont évidemment les terres tributaires de l'empire, & non des *riches citoyens de Rome* ou de Constantinople. Ces terres, qui tiroient leur nom de la dîme qu'elles avoient payée dans le temps de la République, étoient, sous Justinien, surchargées par une imposition beaucoup plus forte, *gravissimis tributis obnoxia :* l'Empereur, par une sorte d'humanité, les rendoit aux coupables dont il confisquoit les biens, *quâdam humanitatis specie reddebat possessoribus.* Ainsi, point de dîmes foncières appartenantes aux particuliers, même dans l'empire d'Orient.

On trouve bien encore dans l'abbé Dubos (*liv. 6. ch. 14. & 15. tome IV. p. 336.*) que lorsqu'un pays change de maître, le nouveau possesseur entre en jouissance des revenus du Souverain dépossédé ; & qu'ainsi l'on doit croire, malgré le silence des auteurs, malgré les preuves évidentes du contraire, que Clovis conserva toute la maltôte romaine, & ces cens, & ces capitations, & toutes ces douanes qu'imagina l'avarice des Empereurs. Cette fable, si victorieusement réfutée par Montesquieu & Mably (1), seroit ici fort indifférente, puisqu'il

____

(1) Esprit des Loix, *liv. 30. ch. 12, 13, 14, 15.* Observations sur l'Hist. de France, *liv. 2. ch. 2. avec les preuves.*

n'y a point de preuve que les Romains aient levé ni dîmes ni terrages hors de la Gaule Narbonnoife.

Mais on ne voit point dans l'abbé Dubos, que *les Généraux de Clovis fe foient élancés dans les grandes poffeffions des familles fénatoriennes :* c'eft une autre fiction dont les adverfaires ont tout l'honneur. Quand ils pourroient nommer les Généraux d'un Prince qui n'étoit guère lui-même que le Général de fa nation, & indiquer les familles du Sénat de Conftantinople dont les biens Gaulois dûrent être envahis par ces Généraux, il refteroit encore de montrer des dîmes domaniales ou autres , parmi ces grandes poffeffions fénatoriennes.

La conftitution de Clotaire , qu'on date communément de l'an 560, ne prouve point qu'il y en eût parmi les poffeffions des Rois Francs. Cette dîme que Clotaire défend d'exiger de l'Églife , *étoit ,* comme l'obferve Montesquieu (1), le *dixième des cochons qu'on mettoit*

---

(1) Efprit des Loix, *liv.* 31. *ch.* 12. *note* (o). Il juftifie fon explication d'une manière démonftrative par le Capitulaire de l'an 800, n. 36. (*édition de Balufe, tome* I. *col.* 336.) où l'on retrouve cette dîme des pourceaux envoyés dans les forêts du Roi, *ad faginandum ,* & en même temps le précepte renouvellé de payer la dîme à l'Églife, *col.* 332. *n.* 6.

dans les forêts du Roi pour engraiffer. En un mot, Clotaire accorda aux Églifes le droit de pafnage & glandée, à titre gratuit, dans les forêts royales. C'eft tout ce qui réfulte du Capitulaire daté de l'an 560 (1); mais on auroit dû en rapporter le texte avec plus d'exactitude, & ne pas fupprimer le mot *porcorum*, effentiel pour fixer le fens.

Sur le prétendu teftament du Seigneur *Leodeboldus*, qui dès le temps du Roi Dagobert, vers 630, donna, dit-on, à l'Abbaye de Saint-Benoît de Fleury, diocèfe d'Orléans, une dîme de bleds & de vins; il ne falloit pas s'en rapporter à Le Merre (*Traité des dîmes*, tome I. p. 57.): il convenoit de recourir aux fources, & de confulter les habiles critiques. On eût appris qu'Helgaldus, qui rapporte ce teftament, n'a point inféré cet acte dans la *Vie du Roy Robert*, ni *tiré cette vie des Mémoires d'un Moine plus ancien*, puifque cet Helgaldus étoit lui-même contemporain de Robert, & nous dit que Robert l'aimoit comme fon fils. On eût appris que Robert protégea l'Abbaye de Fleury; qu'en conféquence Helgaldus, écri-

____

(1) On fçait aujourd'hui que cette conftitution eft de Clotaire II, qui ne fut Roi qu'en 584, alors âgé de 4 mois. Voy. *Efprit des Loix*, liv. 31. ch. 2.

vant dans le dixième fiècle l'hiftoire de ce monaftère, s'eft, dans fon ouvrage, un peu étendu
fur l'éloge de cet illuftre protecteur, & que cet
éloge eft ce qu'on appelle improprement *la
Vie du Roy Robert.* On auroit appris que le tes-
tament de *Leodeboldus* a été jugé faux & fuppofé, par Adrien de Valois, & par d'autres
fçavans hommes (1); que Mabillon, qui cite
cette pièce dans les Annales de fon Ordre,
tome I. convient qu'elle préfente plufieurs ana-
chronismes, & qu'enfin les Bénédictins, éditeurs du Recueil *Rerum Gallicarum*, où ils ont
inféré tout ce qui peut donner des lumières
fur l'ancienne hiftoire des Français, ont refufé
à ce teftament, fi curieux s'il étoit véritable,
une place dans leur collection.

N'attendez pas ici de vaines recherches fur
l'époque de la fuppofition, ni fur la perfonne
du fauffaire : mais obfervez par avance, qu'au
tems d'Helgaldus il y avoit déjà près de trois
fiécles, que les dîmes éccléfiaftiques étoient devenues par la loi une dette du citoyen, & deux
cents ans, au moins, que les Seigneurs laïcs
avoient commencé à s'emparer de ces dîmes.

---

(1) *Voy.* le Mémoire de M. De La Curne de Sainte-Palaye
fur le moine Helgaldus, *tome X. des Mém. de l'Académie
des Belles-Lettres,* p. 557.

Ainfi rien d'étonnant, qu'on ait alors fuppofé des dîmes autrefois appartenantes au Seigneur *Leodeboldus*. Les romans peignent toujours les mœurs du tems où ils font écrits.

Quant à ce prétendu capitulaire de Dago-bert, où l'on voit certaines redevances des af-franchis ou efclaves qui cultivoient les biens des Églifes, fixées au dixième boiffeau (1); ce ne fut jamais une loi Françaife : c'étoit la loi particulière des Bavarois, de nouveau rédigée par Dagobert, *Lex Bajuvariorum*, comme porte le titre. L'Allemagne étant affoiblie par des émigrations continuelles & nombreufes, les Francs, après avoir conquis devant eux, avoient fait, dit Montefquieu (2), un pas en arrière, & porté leur domination dans les fo-rêts de leurs peres ; delà les anciens ufages des Bavarois recueillis d'abord par Théodo-ric, roi d'Auftrafie, corrigés encore & publiés

____

(1) *De colonis vel fervis Ecclefia, qualiter ferviant, vel qualia tributa reddant, hoc eft* Agrarium, *fecundùm aftima-tionem judicis, provideat judex ; fecundùm quod habet, do-net. De triginta modiis tres donet.* Lex Bajuvariorum, tit. I. §. 14. n. 1. parmi les Capitulaires de l'édition de Balufe, to-me I. col. 100. Il faut remarquer que cette redevance eft ap-pellée *agrarium*, agrier, c'eft-à-dire, terrage ou champart.

(2) Efprit des Loix, *liv.* 28. *ch.* 1.

par Dagobert. Or il ne s'agit pas de ce qui s'eſt fait en Bavière, mais de ce qui s'eſt paſſé en France & ſur-tout dans l'Armorique.

Voilà ſur quels fondements les défendeurs ont bâti leur frêle édifice, & comme ils ont trouvé des dîmes laïcales dans tout l'univers, long-tems avant le Chriſtianisme ; des dîmes chez les Germains, lorſque ces peuples n'a- voient pas encore d'habitation fixe ; des dîmes chez les Gaulois avant Jules Céſar ; des dîmes payées aux Romains dans toute la Gaule ; des dîmes levées par les Rois Francs ; des dîmes enfin exigées par les Rois Ducs & Comtes de la petite Bretagne. Mais approchez le flambeau de la critique, & l'illuſion eſt diſſipée. Vous n'appercevez plus que des textes ſans applica- tion, des textes pris à contre-ſens, des textes faux ou falsifiés, ou étrangement altérés ; pas un ſeul encore qui regarde la Bretagne ou la Vicomté de Rohan.

A défaut de preuves, on a recours à des conjeſtures : en voici toute la ſubſtance. Elles ne font que ſuppoſer ce qui eſt en queſtion.

» La Vicomté de Rohan eſt *une éclypſe* de » la Souveraineté de Bretagne. Elle compre- » noit pluſieurs villes & 70 Paroiſſes. *Ses Sei-* » *gneurs jouiſſoient de preſque tous les droits ré-*

» *galiens.* C'eſt un démembrement du Comté de
» Porrhoet, & le Comté de Porrhoet fut dé-
» taché du Comté de Rennes, pour le partage
» d'un puîné de Bretagne : delà les dîmes de
» la Vicomté de Rohan. Elles furent dans les
» mains des Vicomtes, ce qu'elles avoient été
» dans celles des Comtes de Porrhoet, & au-
» paravant dans celles des Comtes de Rennes
» Souverains de Bretagne ; des biens profa-
» nes . . . . . .

On pourroit d'abord obſerver, que ſi le pays
de Rohan, lorſqu'il dépendoit du Comté de
Porrhoet, a fait le partage d'un puîné de Bretagne, vers l'an 1008 , alors il n'y avoit guères
qu'un ſiécle que ce même pays avoit été uni
pour la première fois au domaine ducal, par l'élé-
vation d'Alain Comte de Brouerec & de Porrhoet au rang ſuprême, en 879 (1). Les dîmes
de la Vicomté de Rohan ſeroient donc d'une
origine aſſez moderne, quand même on pourroit en découvrir le principe dans l'acceſſion
qui ſe fit de la Seigneurie de Porrhoet au
Comté de Rennes, à la fin du neuvième ſiécle.

Mais on demandera toujours où eſt la preu-

_____

(1) Voyez *Obſervations ſur l'uſement de Porrhoet,* par Élie
de la Primaudaye.

ve que les dîmes aient jamais été en Bretagne, avant l'établiffement & l'interverfion des dîmes eccléfiaftiques, un revenu ordinaire de la Souveraineté, ou même des grands fiefs. Rien n'apprend que nous ayons payé des dîmes aux Romains. Lorsque les hordes forties de la Grande-Bretagne, & les Armoricains qui leur avoient fourni un afyle, fe furent déclarés indépendants des Empereurs ; le chef qu'ils fe donnoient fous le nom de Roi, Comte ou Duc, ne levoit point de dîme : il vivoit, difent nos Hiftoriens (1), *du revenu de fes propres domaines.* On verra dans la fuite, que nos premiers monuments où il foit queftion de dîmes poffédées par des laïcs, font poftérieurs à l'établiffement des dîmes eccléfiaftiques. Ce n'eft que dans le douzième fiécle (2) qu'on trouve des dîmes, &, ce qui eft remarquable, en même temps des Églifes, dans la main des Comtes & Vicomtes de Por-

---

(1) Préface du premier tome des *Preuves de l'Hiftoire de Bretagne*, par Dom Morice, *page iij.*

(2) Tome I. des *Preuves de l'Hiftoire de Bretagne*, col. 539. & 554. Premières donations de dîmes par les Seigneurs de Porrhoet, font des années 1118 & 1127. En celle de 1127, le Vicomte de Porrhoet donne à Marmoutiers le tiers de l'Églife de Querdin, avec deux tiers de la dîme ; c'eft-à-dire, fans doute, les deux tiers de la dîme de cette Églife.

rhoet. Ceci nous amene à la feconde partie du fyftême des adverfaires.

I I.

HISTOIRE abrégée de l'établiffement des dîmes eccléfiaftiques en France & en Bretagne.

LE Clergé ne fubfifta long-temps que des oblations des fidèles ; mais c'étoit fouvent une trop foible reffource. Le Chriftianisme, comme a dit Montesquieu, ne devoit pas périr faute de miniftres, de temples & d'inftructions. Succeffeurs des Lévites, les Prêtres Chrétiens ne tardèrent pas à s'en attribuer les droits. Dès le fecond fiécle, S. Irénée, *Apôtre des Gaules*, dans le troifième le fameux Origène, enfuite S. Jerôme, S. Auguftin, S. Chryfoftôme, & plufieurs autres Peres de l'Églife, exhortèrent les Chrétiens à donner la dîme, à l'exemple des Juifs (I). Il eft conftaté par une multitude de témoignages, que la dîme étoit affez communément payée au quatrième & au

____

(1) Leurs principaux textes font rapportés par Bingham, dans fes doctes & profondes *Recherches fur les origines eccléfiaftiques*, liv. 5. ch. 5. Un auteur étranger à l'Églife Catholique ne fera pas fufpect en cette matière.

cinquième

cinquième fiécles, dans plufieurs pays Chrétiens (1).

Mais le premier vœu formé fur cet objet par une affemblée eccléfiaftique, eft de l'an 567, & fe trouve configné dans une lettre fynodale des Evêques Bretons & des autres Suffragants du Métropolitain de Tours. Il feroit bien furprenant que la Bretagne, le premier pays du monde où la dîme ait été demandée par le corps des Evêques, fût le dernier où ils l'euffent obtenue.

En 585, le Concile de Mâcon, où affiftèrent près de cinquante Evêques Français ordonna, fous peine d'excommunication, de payer la dîme aux Miniftres de l'Églife, & déclara fonder fon décret, fur *les loix divines & fur l'ancienne coûtume des Chrétiens.*

Ce n'eft point ici, comme on le prétend, *un Concile provincial ;* c'eft un Concile national, affemblé par le Roi Gontran, pour que les canons qu'on y drefferoit fuffent obfervés dans fon royaume.

Un Concile même national ne peut pas obliger malgré eux les fujets à une impofition fur

––––––––––––––––––––––––––

(1) *Voy.* Bingham, *ibid.* §. 3. où il renvoie à l'Hiftoire des dîmes écrite en Anglais par Selden, *chap.* 5.

D

(50)

leurs terres ; on en convient : mais c'eſt une
opinion très-vraiſemblable, adoptée par d'habiles auteurs, que le décret du Concile de Mâcon, fut fait de l'autorité du Roi Gontran (1).
D'ailleurs, il n'y eut point de reclamation de
la part du Souverain ni de celle des peuples.
L'hiſtoire nous apprend, qu'alors & long-temps
depuis, par la connivence de la nation & de
ſon chef, beaucoup de réglements & d'inſti-
tutions du reſſort de la puiſſance civile, ſur-
tout ceux qui regardent la ſubſiſtance des Paſ-
teurs (2), furent admis & obſervés dans le royaume au ſeul nom de l'autorité eccléſiaſtique.
Le décret du Concile de Mâcon n'ordonnoit
pas une choſe *nouvelle* ; on ſçavoit alors, ce
qu'il ne faut pas aujourd'hui méconnoître, que
le paiement des dîmes avoit été recommandé
aux Chrétiens, par un grand nombre d'illuſtres
& ſaints Pontifes, dont pluſieurs regardoient
le commandement de payer la dîme dans l'ancienne loi, comme un précepte moral que la
venue du Sauveur n'avoit point abrogé. Avec

______

(1) *Voy.* Recueil de *Juriſprud. Canon.* de La Combe,
verbo Dixme, *ſect.* 3. *n.* 3. Chabrit, *de la Monarchie
Françaiſe & de ſes loix*, tom. I. *p.* 106.

(2) *Voy. Traité des Portions congrues*, par M. Camus,
tom. I. *p.* 13.

leurs Evêques, les Français crurent la dîme de droit divin (1), dans un sens plus ou moins rigoureux, & la payèrent assez généralement. La suite le prouvera.

Nous ne parlons point du Concile de Séville, qui dès 590 établit en Espagne la dîme

(1) *Multi evidenter demonstrarunt, quod veteres legem de decimis non merè carimonialem, sed moralem & sempiterna obligationis esse crediderint.* Bingham, *loco cit.* §. 1. suivant la version de Mosheim. L'auteur cite en preuve des passages très-précis d'Origène, de S. Jerôme & de S. Augustin. La subsistance est dûe aux Prêtres, de droit divin ; & les dîmes étant destinées à la subsistance des Prêtres, on a dit de celles-là, ce qui n'étoit rigoureusement vrai que de celle-ci. Depuis le décret de Mâcon, les Conciles, les Papes & les Auteurs ecclésiastiques adoptèrent généralement l'opinion ou plûtôt le langage qui faisoit les dîmes de droit divin. S. Thomas, qui florissoit dans le treizième siécle, fut un des premiers qui s'exprima sur ce point avec plus d'exactitude. Les théologiens le suivirent ; mais les canonistes parlèrent comme les canons, & nos loix imitèrent ce langage ; il servoit beaucoup à maintenir le précepte. On le retrouve dans la Philippine de 1274, dans l'arrêt d'enrégistrement au Parlement de Paris, des lettres-parentes du Ier. Septembre 1548, dans les Edits de Charles IX du 15 Octobre 1561 & du 4 Juillet 1568, dans l'Edit de Louis XIV de 1657, non enrégistré, &c. &c. Si donc *les Français obéirent au décret du Concile de Mâcon, comme ils crurent les dîmes de droit divin*, si cette proposition des adversaires est exacte, on ne doit pas douter de l'obéissance des Français au décret du Concile de Mâcon.

réelle & perfonnelle ; nous oublions les Sta-
tuts de Théodore, Archevêque de Cantorbéry,
qui en 688 attefte l'ufage des dîmes reçu
dès - lors en Angleterre. Arrêtons-nous au
Concile de Nantes de 658 ; obfervons qu'il
n'invite pas les fidèles à payer la dîme ; il
règle feulement le partage & l'emploi de cette
retribution. La dîme étoit donc alors généralement payée au Clergé de Bretagne : *Inftruendi
funt presbyteri, pariterque admonendi ; quatenus
noverint decimas & oblationes quas à fidelibus ac-
cipiunt, pauperum & hofpitum & peregrinorum
effe ftipendia, & non quafi fuis, fed quafi com-
mendatis uti, de quibus omnibus fciant fe rationem
pofituros in confpectu Dei, & nifi eas fideliter
pauperibus, & his qui præmiffi funt adminiftra-
verint, damna paffuros. Qualiter verò difpenfari
debeant fancti Canones inftituunt ; fcilicet ut qua-
tuor partes indè fiant ; una ad fabricam Ecclefiæ
relevandam, altera pauperibus diftribuenda, tertia
Presbytero cum fuis Clericis habenda, quarta
Epifcopo refervanda, ut quidquid exindè jufferit,
prudenti confilio fiat.*

On a prévû ce texte décifif ; on cherche
à l'écarter par une objection frivole. » A la
» manière dont s'explique le Concile de Nan-
» tes, on reconnoît, dit-on, que les dîmes

» n'étoient qu'une retribution dûe à la charité
» des fidèles comme les offrandes ». La difficulté n'eft pas plus expliquée ; on a donc
fenti qu'elle n'a aucune folidité. On peut dire
de tous les biens temporels de l'Eglife, ce
qui eft dit ici des dîmes & des oblations ;
qu'ils proviennent de la charité, de la libéralité des fidèles ; que c'eft le patrimoine des
pauvres ; que les bénéficiers n'en font que
les adminiftrateurs, & qu'ils en doivent à l'Ê-
tre fuprême un compte rigoureux. Cela eft
vrai, conforme à l'efprit de l'Eglife, & à la
nature des dîmes confidérées même comme
un impôt forcé. Auffi l'on retrouve ce même
texte inféré dans les Capitulaires, (*liv.* 7.
n. 375) long-temps après les loix coactives
de Pepin & de Charlemagne fur le paiement
de la dîme. Enfin il n'eft pas queftion du titre
auquel le Clergé de Bretagne la recevoit; il
s'agit uniquement du fait de la perception.
Ce fait eft démontré par le Concile de Nantes. Un Concile ne s'arrête pas à déclarer la
deftination, à régler le partage & l'emploi
d'un revenu qui n'exifte point, & qu'il ne
prend aucuns moyens d'établir.

Dès le milieu du huitième fiécle, on trouve
en France, dans les loix concernant les précai-

res, de fortes preuves que les dîmes y étoient déja communément payées.

Charles Martel pilla le Clergé, diftribua la plus grande partie des biens des Eglifes aux gens de guerre qui l'avoient mis à la tête du gouvernement, & qui l'y maintenoient, au-deffus du Roi même dont il fembloit dédaigner le titre. Carloman fon fils fuccéda à fon autorité ; pour donner moins fujet de plainte aux Evêques, il voulut en 743 que les laïcs auxquels il affignoit des biens eccléfiaftiques ne les tinffent que précairement, & à la charge d'une redevance en argent. Pepin fon frère devint Roi ; & donna auffi les biens des Eglifes à titre de précaire ; mais par un Capitulaire fait à Vern, & répété par celui de Metz de 756 (1), il accorda aux détenteurs des biens eccléfiaftiques le choix de fournir la rente en argent, ou de payer, non pas, comme difent nos adverfaires, *la dîme ou la neume* des fruits, *decimam aut nonam*, mais les nones & de plus les dîmes, *decimas & nonas*. La dîme étoit retenue pour fe conformer à l'ufage général (2), & *nonas* étoit le cens

____

(1) Baluze, *tom.* I. des *Capitulaires*, col. 178. *n*. 4.

(2) On trouve cette obfervation dans plufieurs ouvrages; en particulier dans la Nouv. Encyclopédie Méthodique,

en reconnoiffance du précaire ; autrement, on n'eût pas employé pour le même droit deux dénominations différentes ; on eût dit de payer *quintas*, le cinquième des fruits. Cette expreffion fimple & jufte ne fe trouve point dans les anciens monuments, tandis qu'on rencontre *nonas & decimas* dans prefque toutes les loix eccléfiaftiques & civiles de France, aux huitième & neuvième fiécles.

Mais voici qui eft bien plus pofitif. A une année de ftérilité avoit fuccédé une année d'abondance. En 764, par une conftitution générale, Pepin, en action de graces, ordonna des prières publiques, & en prit occafion de confirmer expreffément, par fon autorité, le précepte du paiement de la dîme qui déjà s'obfervoit : *Ut unusquifque homo, aut vellet, aut nollet, fuam decimam donet* (1).

L'état de pauvreté où fe trouvoient les Egli

---

verbo DIME, *p.* 757, & dans l'*Hiftoire Eccléfiaftique de Bretagne*, par M. l'Abbé Deric, *tome V. p.* 140. en note, &c. Mais nul ne l'a rendue plus claire & plus fenfible, que Du Cange dans fon Gloffaire, *verbo* NONÆ. *Nonæ quidem, jure colonario folvebantur*, dit-il ; *decimæ verò, jure ecclefiaftico. Nam quum Ecclefiarum effent prædia, nulli decimæ alteri Ecclefiæ obnoxia erant ; fi verò alienarentur, decimæ refervabantur unà cum nonis.*

(1) Capitulaires, *édition de Baluze*, tome I. col. 186.

fes fous Charlemagne, engagea ce Prince, non-pas à établir les dîmes qui étoient déjà établies, mais à donner des loix pour qu'elles fussent exactement payées. C'est ainsi qu'au seizième siécle, le précepte des dîmes se trouve répété dans une multitude d'Ordonnances de nos Rois, quoiqu'il fût admis & observé depuis environ douze cents ans.

La première loi de Charlemagne sur cet objet n'est point, comme on le dit, de 794; elle se trouve dans le Capitulaire de 779, *art. 7 :* c'est une loi générale. Elle parle des dîmes, comme d'une perception qu'il s'agissoit plutôt de conserver & de protéger, que d'imposer nouvellement : *De decimis, ut unusquisque suam decimam donet, atque per jussionem Pontificis dispensentur* (1). Ces paroles ne font que rappeller la loi de Pepin : l'expression initiale *De decimis* annonce clairement une retribution connue & autorisée. Le treizième article de ce même Capitulaire oblige les possesseurs précaires des biens des Eglises, à payer tout à la fois & le cens en argent, & les nones & les dîmes. Ainsi, dans cette loi, deux dispositions bien distinctes : d'abord une dîme générale en faveur du Clergé ; ensuite, cette même dîme

______

(1) *Ibid.* tom. I. col. 196 & 197.

générale &, en outre, les nones avec la rente
en argent impofée au profit des Églifes, fur
les terres eccléfiaftiques précairement détenues
par les Seigneurs laïcs (1).

On ne rapportera point ici les autres loix
de Charlemagne & de fes defcendants, faites
pour procurer l'exact paiement des dîmes, pour
en régler le partage entre les différentes Eglifes, en fixer l'emploi, en défendre l'abonnement (2) : mais on fera deux obfervations, qui
vont conftater deux graves erreurs de nos adverfaires.

____

(1) Le fçavant Abbé de Mably s'eft donc trompé double-
ment, lorfqu'il a dit, en fes *Obfervations fur l'Hiftoire de
France* (*p.* 150 *&* 402, *tome I.*), que fous Charlemagne
il n'y avoit point de dîme générale en faveur du Clergé ,
& lorfqu'il a fuppofé que les loix fur les précaires font les
feules preuves qu'on ait de l'ancienne obligation de payer
les dîmes eccléfiaftiques.

(2) *Voyez* Capitulaire de Charlemagne de 789, *art.* 16 *&*
17 (*Baluze, tome I.* col. 253); celui de 794, *art.* 23. (*Ibid.*
col. 262); celui de 800, touchant les terres de l'Empereur,
de villis, pour en faire payer la dîme, *art.* 6. (*Ibid.* col.
332);.celui de 801, *art.* 44. (*Ibid.* col. 356); celui de 804,
art. 2 *&* 3) *Ibid.* col. 415); celui de 805, *art.* 6. (*Ibid.* col.
421); ceux de Louis le Débonnaire, de 816, *art.* 12; de
819, *art.* 9; de 829, *art.* 6 *&* 7 (*Ibid.* col. 566, 619, 664
& 665). Le dernier eft remarquable, en ce qu'il défend aux
Evêques d'abonner la dîme. *Voyez* ceux de Lothaire, *tit.* 5.

Ils soutiennent d'abord avec Montesquieu (1),
que la charge des dîmes parut si accablante,
qu'en certains cantons on abandonna la culture
des terres. Il n'y a dans cette assertion, ni vérité, ni vraisemblance : c'est une méprise que
le respect dû à l'auteur de l'*Esprit des Loix* ne
doit pas empêcher de reconnoître. L'art. 10 du
Capitulaire de 829 (2), sur lequel il se fonde,
ne concerne point la dîme générale : il n'est
relatif qu'aux terres de l'Église détenues par
des laïcs, & dont ils devoient payer, outre la
dîme, les nones & le cens pécuniaire. Ce sont
les nones & le cens qui paroissoient au déten-
teur, disons mieux, à l'usurpateur des biens
ecclésiastiques, *une charge trop accablante.* En

---

art. 37, 38, 39 & 40. (*Baluze, tome II.* col. 339 & 340);
celui de l'Empereur Louis II, de l'an 855, *art.* 12 (*Ibid.* col.
355) ; ceux de Charles le Chauve, de 869, *art.* 9 & 13, &
de 877, *art.* 11 (*Ibid.* col. 212, 214, 241). Tous ces textes sont autant de Règlements sur la dîme générale.

(1) Esprit des Loix, *liv.* 31. *ch.* 12. *note (t).*

(2) Le Capitulaire de 829, après avoir parlé des Seigneurs
qui négligeoient les reparations des Églises dont ils possédoient
les biens à titre de précaire, autrement d'inféodation, *in
beneficium*, réprime un autre abus de ces mêmes Seigneurs,
qui étoit de laisser incultes les terres de l'Église, afin de ne
lui payer que le cens pécuniaire, & de la priver des nones &
des dîmes. *Voyez* Capit. de Baluze, *tome I.* col. 665 & 666.
art. 9 & 10.

effet, il sçut bien s'y souftraire. Malgré **les** faints canons & malgré les loix, on vit presque par-tout les précaires fe changer dans la main des Seigneurs en libre patrimoine. Guerriers fans folde & fans difcipline, les laïcs furent dépofitaires fans fidélité, & réuffirent la plûpart à s'approprier le dépôt.

L'autre erreur eft plus importante ; fa refutation exige plus de détails. Il s'agit d'un des points les plus intéreffants que préfente notre hiftoire & notre jurisprudence. Les Ordonnances de Charlemagne & de Louis le Débonnaire, fur-tout celles concernant les dîmes, doivent-elles être confidérées comme des loix de notre Province ? Les défendeurs tiennent la négative. Ils avoient dit, dans le Mémoire de 1772 : » Sous Louis le Débonnaire & Charles » le Chauve, *fi la Bretagne fut affujettie*, les » droits que donne la force ne durent pas plus » qu'elle ; . . . . la politique ne permet pas de » croire que les vainqueurs, *maîtres du pays* » *pendant 30 ans*, s'occupèrent à établir une » taxe qui n'étoit pas *néceffaire* . . . . . .

Ici, comme on voit, la Bretagne fut affujettie à la France , & conféquemment aux loix Françaifes, pendant 30 ans. Mais on a bien changé de langage dans le Précis de ce Mé-

moire, publié en 1785 fous le nom de *Réponfe*;
» la domination permanente des Français s'y
» trouve réduite à des *incurfions* faites en Bre-
» tagne par Charlemagne & par Louis le Dé-
» bonnaire, & à *quelques actes d'autorité*, qui
» n'eûrent point pour objet de faire payer la
» dîme; car elle n'eût pas tourné *au profit des*
» *Français*; &, comme en France, elle eût né-
» ceffairement mécontenté les grands Seigneurs,
» parce qu'ils la levoient fur leurs vaffaux «.
La Souveraineté de l'ancien Royaume & Duché de Bretagne, eft un fait & un principe auquel nous ne fommes pas moins attachés que
tous nos compatriotes. Mais, pour la maintenir, il n'eft pas befoin de déguifer & d'altérer
d'autres faits bien conftants, defquels il réfulte que cette Souveraineté a fouffert, fur la
fin du huitième fiécle, une éclypfe qui dura
jufqu'au milieu du neuvième. L'hiftoire attefte
hautement la conquête de toute l'Armorique
par les Généraux de Charlemagne, & l'entière
foumiffion de la Nation Bretonne au futur Empereur d'Occident (1). Cet ouvrage, commencé
en 786, fut achevé en 799. Depuis cette époque jufques fous Charles le Chauve, la Bre-

---

(1) Voy. l'*Hiftoire de Bretagne*, par Dom Morice, *liv.* 1.

tagne fut gouvernée par des Lieutenants ou *Envoyés* des Rois & Empereurs Français. Le fameux Nomenoé n'étoit que l'envoyé de Louis le Débonnaire, *miſſus Imperatoris Hlodo-wici* (1); il en prenoit la qualité, il en rempliſſoit les fonctions, qui étoient de faire exécuter les Capitulaires de l'Empereur. Il regarda Charles le Chauve comme ſon Souverain, & lui reſta quelque temps fidèle : ce ne fut qu'en 843 qu'il ſe rendit indépendant, & uſurpa le nom de Roi. La force des armes, le temps, les traités, légitimèrent ſa révolte. Salomon, ſon ſucceſſeur, fit reconnoître ſon indépendance & ſa Royauté, par Charles le Chauve en 873.

On ne ſçauroit douter que les loix générales faites pour la France pendant le long intervalle de 799 à 843, entr'autres les Capitulaires concernant les dîmes publiés en 800, 804, 805, 816, 819, ne fuſſent auſſi les loix de l'Armorique. Charlemagne, pour faire payer la dîme, ne regardoit pas ſi cet impôt étoit *au profit des Français* : on ſçait comme, au profit du Clergé, il y força les fiers Saxons, nouveaux ſujets, nouveaux convertis. C'eſt après

____

(1) Voyez *Preuves de l'Hiſtoire de Bretagne*, Tome I. col. 126.

avoir foumis les Bretons, qu'il affujettit à la dîme, par le Capitulaire *De villis fuis*, fes propres domaines, & conféquemment ceux qu'il avoit dans l'Armorique. Eût-il fouffert que, dans cette feule contrée de fon empire, on fe fût difpenfé d'un tribut auquel il vouloit bien fe foumettre lui-même? Louis le Débonnaire eût-il négligé cet objet important, lui qui ne dédaigna point de régler, par une Ordonnance adreffée à tout le Clergé de Bretagne, & le vêtement & la tonfure des Moines de Landeweneck (1)?

La dîme eccléfiaftique reçue depuis fi long-temps en Bretagne, devoit y être *néceffaire*, au moins dans beaucoup de cantons. On ne fçauroit fe diffimuler que, dans tout le pays, elle étoit fort utile au maintien de la Religion chrétienne : or on fçait que Charlemagne & Louis le Débonnaire firent toujours de cette Religion divine la bafe de leur gouvernement. Leurs loix fur les dîmes ne dûrent pas déplaire aux Bretons chez qui les Grands pouvoient avoir des champarts, mais ne levoient point de dîmes. Quant aux cultivateurs, il y

____

(1) Voyez *Preuves de l'Hiftoire de Bretagne*, Tome I. col. 228.

avoit environ deux fiécles, qu'ils payoient ce tribut aux Prêtres.

Ils le payoient univerfellement, de bon gré, fans donner lieu aux reclamations des Évêques, & même plus fidèlement que dans le refte de l'Empire Français : en voici la preuve convainquante.

Charlemagne, voulant procurer la réformation des mœurs & de la difcipline eccléfiaftique, affembla en 813 les Évêques des pays de fa domination. Des Conciles furent célébrés par fes ordres, & prefque en même temps, dans la ville d'Arles, à Rheims, à Mayence, à Tours métropole de l'Armorique, & à Châlons. Tous firent des règles fur la dîme eccléfiaftique, mais des règles bien différentes fuivant la difpofition des fidèles en chaque pays. Les Conciles d'Arles (1), de Rheims (2) & de Mayence (3) furent obligés de recommander l'exactitude au paiement de la dîme. Celui de Châlons fe détermina à répéter la peine de l'excommunication contre les refractaires. Mais celui de Tours (4), où fe trouvoient les Évê-

---

(1) Can. 9.
(2) Can. 38.
(3) Can. 38.
(4) Can. 16.

ques Bretons , n'eut qu'à imiter le Concile de Nantes de 658 , qu'à règler l'emploi de la dîme ; c'eſt à quoi il borna ſa prévoyance. Si la dîme n'eût pas été payée , il n'eût point déclaré de nouveau l'uſage qu'on en devoit faire : ſi elle n'eût pas été payée fidèlement, il n'eût pas manqué de s'en plaindre, d'avertir l'Empereur, & de requérir l'exécution des Capitulaires. On en peut juger par ſon attention à prévenir Charlemagne , que les Seigneurs laïcs , détenteurs des biens des Égliſes à titre de *bénéfice* , ou d'inféodation , avoient ceſſé en pluſieurs endroits de payer les nones & les dîmes. Ils ajoutent : » Nous avons fait ci-devant des re- » préſentations à vos envoyés ; mais nos re- » montrances ont reſté ſans effet (1) «.

Lorſque la Bretagne recouvra ſa liberté , elle conſerva les loix & les uſages déjà établis, du moins ceux qui ne pouvoient en rien favoriſer le retour de la domination Françaiſe. *Tout ce qui arriva*, comme l'a obſervé un Auteur, dont la mort prématurée a excité les juſtes regrets des ſçavants publiciſtes (2), *c'eſt que là où les Monarques Français n'avoient pas ſçu maintenir*

______

(1) Can. 46.

(2) Chabrit, *De la Monarchie Françaiſe*, tome I. pages 159 & 160.

leur

leur puiſſance, on ne reçut plus leurs volontés.
Nomenoé n'avoit pas de motifs pour abolir les dîmes qu'on payoit avant la conquête, qui n'étoient pas de l'inſtitution du vainqueur, & qu'on regardoit comme fondées ſur le droit divin ; il n'avoit pas de raiſons, pour abroger des loix qu'il avoit ſi long-temps fait exécuter : mais il en avoit de très-fortes pour conſerver la dîme. La *politique*, indépendamment de la religion, lui auroit défendu de ſonger à des changements capables d'aliéner tous les Évêques, tout leur Clergé, tous ceux qui tenoient au Chriſtianisme.

Le décret de Gratien & les décrétales des Papes, qui furent reçus en Bretagne comme des loix, qui l'emportèrent en autorité même ſur le droit civil (1), ne firent, par rapport au paiement des dîmes, que confirmer les loix & les canons toujours obſervés dans ce pays.

Il s'enſuit des recherches auxquelles on vient de ſe livrer, que dès le huitième ſiécle, & peut-être dès le ſixième, les dîmes furent ordonnées en France par l'autorité royale ; mais que la Bretagne eſt probablement le premier pays du monde où elles ont été payées avec

____

(1) *Voyez* Hevin ſur Frain, *page* 59.

E

exactitude ; qu'elles y étoient non seulement *préchées*, mais universellement admises vers le milieu du septième siécle , par la seule exhortation des ecclésiastiques , par la seule force de l'usage ; qu'au commencement du neuvième l'autorité séculière confirma cet usage par les loix les plus formelles ; qu'enfin , elles furent établies , comme dîmes générales , & non par la libéralité des prétendus possesseurs de dîmes profanes , & non par la complaisance de propriétaires exempts de ces dîmes chimériques.

A ces vérités puisées dans les sources les plus pures, on ne sçauroit préférer une fable inventée à plaisir , dénuée de toute espèce de preuves , & qui n'a pas même le mérite de la vraisemblance.

Où les défendeurs ont-ils vû que, pour satisfaire aux prédications qui déclaroient les dîmes de droit divin, les Seigneurs Bretons aient donné aux Eglises la moitié ou le tiers des dîmes qu'ils avoient , dit-on , sur les terres roturières ? Où ont-ils trouvé, que les vassaux tenant leurs biens noblement , & comme tels exempts de champart , se firent en conséquence un devoir de payer la dîme à l'Eglise , à la trente-sixième gerbe , par exemple , lorsque le Seigneur avoit assigné *à la Paroisse* le tiers d'une dîme à la douzième ? Comment prouver qu'ainſi les dîmes des Curés devinrent univerſelles ; qu'ainſi les dîmes qui reſtèrent dans la main des Seigneurs, & qu'ils ont conſervées ou données à des Monaſtères, ne s'étendent que ſur les fonds poſſédés en roture ?

Il eſt facile de renverſer tous ces jeux de l'imagination.

Où ſont d'abord les documents & les témoignages qui puiſſent juſtifier l'exiſtence d'une dîme profane ſur les terres roturières, avant l'établiſſement des dîmes eccléſiaſtiques ? Sur cette dîme générale, pourquoi ne paroît-il pas un ſeul titre, un ſeul renſeignement particulier ? D'où ſeroit donc venue cette incroyable généroſité de la partie opulente de la Nation, qui auroit mis ſur ſes biens un impôt perpétuel à la décharge de la claſſe pauvre & malheureuſe ? Aucune hiſtoire ne nous offre un tel prodige. Dans les dixième & onzième ſiécles, comment les Seigneurs auroient-ils voulu affecter leur patrimoine aux dépenſes du culte public, eux qui ne ſongeoient, dans ces temps de violence & d'erreur, qu'à ſe procurer des exemptions & des priviléges, à piller le peuple, à étendre & aggraver de toute manière, le joug de la domination féodale ?

Si les Seigneurs ont donné le tiers ou la moitié de leurs dîmes prétendues domaniales en dot aux Paroiſſes, pourquoi lit-on dans les chartes, qu'ils ont donné le ſixième ou le huitième, ou telle autre quotité des dîmes de telle Egliſe, appartenantes à telle Egliſe ? Si les exempts de dîme féodale, ont bien voulu ſoumettre leurs terres nobles, à une dîme de pareille quotité que la portion de dîme féodale prétendue aumônée par le Seigneur, & dûe ſur les terres roturières, pourquoi n'y a-t-il aucun hiſtorien, aucun monument qui dépoſe d'un tel fait, qui auroit dû ſe répéter des milliers de fois dans la Province ? Comment le Clergé prêchant les dîmes de droit divin, ſoutenant que tous les fruits de la terre y ſont aſſujettis, eût-il été ſatisfait d'un expédient qui auroit exempté de dîmes le tiers ou la moitié de tous les champarts ?

Avez-vous trouvé dans les chartes de l'Histoire de Bretagne, beaucoup de dîmes, on ne dit pas domaniales, mais telles quelles, aſſignées par les Seigneurs à des *Curés*, à des *Paroiſſes* ? N'eſt-ce pas uniquement, ou preſque uniquement, à des Moines ou à des Chapitres, qui avoient moyen d'acheter ou de reconnoître le bienfait, que les Seigneurs ont vendu ou donné une partie des dîmes qu'ils possédoient (1)? Ne s'enfuivroit-il pas du fystême des adverfaires, que dans toutes les Paroiffes de la Province, les terres roturières devroient fe trouver fujettes à double dîme, ou à la payer fuivant une quotité double & triple de celle des terres nobles? Et au contraire n'eft-il pas vrai de dire que cette furcharge eft inconnue, que la quotité de la dîme eft tout-à-fait indépendante de la qualité noble ou roturière de l'héritage?

Enfin, ne feroit-ce pas encore une conféquence néceffaire de ce même fyftême, que toutes les dîmes des Curés fuffent tenues à charge de fief, euffent refté dans la mouvance

---

(1) *Les laïques aimoient beaucoup mieux reftituer les dîmes aux Chapitres & aux Monaftères, dont ils tiroient de l'argent, qu'à des Eglifes particulières, qui ne pouvoient pas leur en donner.* Hiftoire des Revenus eccléfiaftiques, par Jerôme Acofta (Richard Simon), *tome I. page 183.* Ce fut là fans doute un des motifs qui, dans les reftitutions, fit préférer aux Curés les Moines & les Chanoines. Cela eft prouvé par les dons que faifoient les Religieux aux donateurs, & par les contrats de vente de dîmes paffés aux Monaftères. Mais la juftice & la vérité obligent de dire, que les Moines & les Chanoines eurent fouvent cette préférence à des titres plus honorables, pour leur éminente piété, pour la régularité de leur vie, pour les fervices qu'ils rendoient à l'Églife. Ce motif eft auffi conftaté par des chartes.

des Seigneurs fupérieurs des donateurs ? Et n'eſt-il pas notoire, qu'elles ſont preſque toutes affranchies de la féodalité, ſoit comme ayant toujours conſervé leur nature en demeurant attachées à la Paroiſſe, ſoit par l'effet du retour à leur deſtination primitive ?

. Il eſt vrai qu'en Bretagne, comme dans le reſte de la France, & dans une grande partie de l'Europe, les laïcs poſſédoient autrefois les Egliſes Paroiſſiales, avec les dîmes, les offrandes, les droits de ſépulture, & généralement tous les droits curiaux ; & que depuis le dixième ſiécle, ils en ont fait vente ou donation aux Chapitres & aux Monaſtères. Mais ces dîmes étoient originairement eccléſiaſtiques comme les offrandes & les droits curiaux ; c'étoit le patrimoine des Paroiſſes qui rentroit avec elles dans la main du Clergé : c'eſt ce qu'on va démontrer en expliquant par quels moyens les laïcs en étoient devenus détenteurs ou dépoſitaires.

I I I.

Les dîmes eccléfiaftiques n'ont ceffé de paffer aux mains des laïcs, depuis le huitième fiécle, jufqu'à préfent.

Au contraire, difent les défendeurs, *jamais*, en Bretagne du moins, *la dîme eccléfiaftique n'a paffé en des mains laïques*. Mais leur affertion négative ne foutient pas le plus léger examen ; les preuves de ce perpétuel, de cet univerfel défordre, font fi fortes & fi nombreufes, qu'on n'eft embarraffé que du choix & de la méthode.

Si quelquefois les Princes, la Nobleffe & le Peuple ont répandu fans mefure leurs dons fur le Clergé, ils ont affez conftamment réuni leurs efforts pour l'appauvrir, & fur-tout pour le dépouiller de fes dîmes.

L'autorité des chefs de l'État, les aliénations volontaires ou forcées des Prélats & des Corps eccléfiaftiques, l'extenfion exceffive des droits du patronage, l'ufurpation des laïcs, on peut rapporter à ces quatre fources principales les caufes, qui tranfmirent aux féculiers & leur firent fi long-temps conferver prefque toutes les dîmes eccléſiaſtiques du royaume avec les Egliſes mêmes & les autres revenus qui en dépendoient.

Les dîmes uſurpées durant les troubles du Proteſtantiſme ; les dîmes aliénées dans le ſeizième ſiécle, par le Clergé de France, pour payer les ſubventions (1) extraordinaires ; les dîmes aliénées depuis par le Clergé, légalement ou ſans forme, avec juſte cauſe, ou ſur de vains prétextes ; les dîmes abandonnées aux laïcs par les Curés & Vicaires perpétuels optant la portion congrue ; enfin, les dîmes novales attribuées pour l'avenir aux gros décimateurs mêmes laïcs par l'Edit de mai 1768 ; on les indique rapidement, pour faire voir que cette eſpèce de biens n'a pas ceſſé juſqu'à préſent de groſſir le patrimoine des familles. Mais on ne veut développer ici que les moyens pratiqués dès avant les treizième & quatorzième ſiécles, pendant leſquels l'Abbaye de *Bonrepos* reçut des Vicomtes de Rohan la plûpart des dîmes qui lui appartiennent. Autant

______

(1) Voyez *Collection de Juriſprudence*, par MM. Camus & Bayard, *tome I. page* 437. *& ſuiv.* C'eſt ainſi que bien des dîmes eccléſiaſtiques & des rentes ſur ces dîmes paſſèrent aux laïcs, dans tout le Royaume, & particulièrement en Bretagne.

qu'il fera poffible, on s'attachera aux monuments particuliers à la Bretagne, mais fans
négliger les autres. Par ce qui eft arrivé dans
le refte du Royaume, on confirmera, on
éclaircira la preuve de ce qui s'eft fait dans
notre Province.

I. *DIMES eccléfiaftiques données aux laïcs*
par les chefs de l'État.

CE feroit une chofe prefque incroyable,
que Charles Martel, qui dépouilla la plûpart
des Eglifes pour enrichir fes guerriers, fe fût
abftenu de toucher aux dîmes : il en difpofa
comme des autres biens eccléfiaftiques ; les
anciens Hiftoriens l'atteftent (1), & les plus
habiles critiques font forcés d'en convenir (2).
Le feul tort qu'on puiffe reprocher en cette

____

(1) Une ancienne chronique citée par Jean Filefac, dans
fon livre *De facrilegio laïco*, s'exprime ainfi, en parlant de
Charles Martel : *Carolus, propter affiduitatem bellorum*,
DECIMAS *& quafdam alias res ecclefiafticas laïcis conceffit.*
Flodoard, qui mourut en 966, raconte auffi le même fait
dans fon fecond livre *Hiftoria Remenfis.* Voyez d'autres
autorités dans les *Mém. du Clergé*, tome III. col. 103 &
104. & la *Chronique de Raoul le Noir*, rapportée par Dupuy
fur l'art. 74. des *Libertés de l'Églife Gall.*

(2) Richard Simon, *Hiftoire de l'origine des Revenus eccléfiaftiques*, tome I. page 198. Bochmer, auteur Proteftant,
& verfé dans la connoiffance de l'hiftoire & de l'antiquité.

partie au docte Pithou , & aux partifans de l'opinion qu'il a confignée dans l'art. 74 de nos *Libertés* , c'eft d'avoir énoncé les profufions de Charles Martel, comme le principe unique des dîmes patrimoniales de France.

Il ne faut point objecter que les dîmes n'é-toient pas établies par autorité publique ; elles l'étoient dès le temps de Charles Martel, par les faints canons , par l'ufage affez général, & par le confentement tacite des Princes & des Sujets. Mais euffent-elles été alors pure-ment volontaires ; on fçait que les oblations de la plûpart des Eglifes firent le patrimoine des laïcs pendant plufieurs fiécles , quoique les oblations n'aient jamais été commandées par aucune loi civile ou eccléfiaftique.

---

s'exprime ainfi au fujet de Charles Martel, dans fon *Jus eccles. Proteftantium*, lib. 3. tit. 30. §. 19 : *Quis crederet eum fibi à* DECIMIS *militibus dandis temperaffe, qui prædia ec-clefiaftica beneficiario jure militibus conceffit ? Æquè ex his ac illis clerici alebantur ; nec qui jus in hac fibi arrogabat, ab illis abftinuiffe credibile eft.* » Quelques-uns , dit le fça-» vant Bouhier, ont voulu démentir ce fait de Charles Mar-» tel ; mais ils n'ont pas réuffi à détruire un événement qui » eft conftaté par nos meilleurs hiftoriens «. *Observations fur la Coûtume de Bourgogne*, chap. 48. n. 13. Enfin , ce fait a été reconnu par Grimaudet lui-même , premier in-venteur de l'origine profane des dîmes inféodées. Voy. fon *Traité des dîmes*, liv. 2. ch. 6.

Inutile encore de dire, que, fous Charles Martel, la Bretagne avoit fon gouvernement particulier. Donner les biens des Églifes en folde ou récompenfe militaire, ne fut pas un ufage particulier à ce Maire du Palais ; c'étoit l'ufage de fon fiécle, un défordre qui règna dans la plus grande partie de l'Europe : Charles Martel ne fit que fuivre de plus anciens exemples. S'il fut confidéré comme le premier auteur de ces maux, c'eft parce qu'il ne garda aucune méfure, & pouffa l'abus à fon comble (1). Il eft permis de penfer que

____

(1) *Potentiores laïci, auctoritate regiâ & fimul ecclefiasticâ, Monafteria, Abbatias, Ecclefiasque obtinuerant, earumque reditibus fruebantur..... Quod vetus malum non foli Carolo Martello & fecundæ ftirpis Regibus imputandum, fed origo altiùs repetenda. Viri docti originem ab ipsâ Italiâ, & decretis Symmachi Papæ repetunt, in Synodo Rom. 6.* (anno 504) *in quâ queritur..... omnia* (bona Ecclefiarum) *à Principibus & primis regionum in aliud transferri & converti. Latius* PER UNIVERSAM EUROPAM *ferpfit hujusmodi corruptela, & per Gallias noftras. Nec tantùm fub Carolo Martello, fed etiam fub primâ Regum ftirpe incœperat.* Fr. Florent, ad cap. 1, 2, 3. *De Jure Patronatûs.* Dans le Recueil *Rerum Gallicarum* de Dom Bouquet, *tome IV. page* 687. eft un diplôme du Roi Dagobert III, mort en 715, qui renouvelle des *précaires* établis par les Rois fes prédéceffeurs. Voyez auffi *Hiftoire de l'origine des Revenus ecclefiaftiques*, tome I. p. 196.

les Princes Bretons qui fe difputèrent fi long-temps le pouvoir fuprême dans l'Armorique, ne furent pas beaucoup plus modérés que les Princes leurs contemporains.

Carloman & Pepin fon frère continuèrent à difpofer des biens des Eglifes en faveur des laïcs ; leur exemple fut fuivi encore (1) par Charlemagne, par Louis le Débonnaire, par Charles le Chauve, qui comptèrent la petite Bretagne au nombre de leurs Provinces. Ils n'eurent pas de raifon pour épargner le Clergé de cette contrée, plus que celui des autres parties de leur empire.

Par ces étranges libéralités, non feulement les Paroiffes dont les dîmes étoient le patri-moine naturel, mais les Abbayes & les Evê-chés, fi bien partagés en dîmes, furent donnés aux guerriers, aux courtifans, aux femmes mê-me, quelquefois en *aleus*, autrement en pleine propriété, plus ordinairement en précaires, en bénéfices, c'eft-à-dire, en fief, foit à vie,

---

(1) *Voyez* les preuves raffemblées dans le livre de Filc-fac *De facrilegio laïco* ; Florent, *loco cit.* Boehmer, *Juris ecclef. Proteft.* lib. 3. tit. 20. §. 6 & feq. tit. 30. §. 20. *Commentaire fur l'Edit des Portions congrues*, par M. Camus, tome I. page 43 & *fuiv.* & les Auteurs auxquels il renvoic en note, *page* 43.

foit pour quelques années; mais alors les conceffions fe renouvelloient fans ceffe à leur
expiration, & la plûpart des précaires ou bénéfices laïcs des biens d'Eglife devinrent avec
le temps, comme les autres fiefs, des propriétés inamovibles. Ces faits font prouvés par
une multitude de témoignages des huitième,
neuvième & dixième fiécles, foigneufement
recueillis par les fçavants modernes qui ont
traité ce point d'hiftoire.

Delà, les Abbés laïcs; c'eft le nom qu'on
donnoit à ceux qui jouiffoient par autorité
du Prince des biens eccléfiaftiques. Il en eft
fouvent fait mention dans les monuments de
ces temps-là (1). Dans le Bearn, le Bigorre,
la Navarre & autres pays circonvoifins, on
appelle encore *Abbés* les laïcs poffeffeurs des
dîmes & des autres biens des Paroiffes; les
maifons feigneuriales auxquelles ces dîmes
font attachées s'appellent *Abbayes*, & *Ab-*

____

(1) *Voyez* Alteferra, *De Ducibus & Comitibus*, lib. I.
cap. 13. intitulé, *Abbates laïci. Gloffaire* de Ducange,
verbo ABBI-COMITES & ABBAS-LAïCUS. On trouve auffi
dans les *Preuves de l'Hiftoire de Bretagne*, tom. I. col. 490.
& 591. des exemples de Seigneurs détenteurs des biens des
Paroiffes, qualifiés du nom d'*Abbés*. Voyez auffi col. 865.
Ibid. charte de 1234.

batiales les terres qui en dépendent (1).

Delà , autant que des autres sources qu'on a indiquées , tant d'Eglises avec leurs cimetières , avec leurs dîmes & prémices , avec les offrandes & les droits de sépulture , même avec le droit de nommer un prêtre desservant , gagiste , ou fermier de la Cure , autrefois vendues , partagées , données en dot , inféodées & sous-inféodées exactement , comme les biens profanes.

Encore dans les dixième , onzième & douzième siécles , les Conciles & les Papes sont obligés de renouveller les défenses de concéder les Eglises en fief , c'est-à-dire , les dîmes & autres biens en dépendants aux Comtes & aux laïcs ; il faut encore avertir les Rois & les Seigneurs , de ne pas s'approprier les dîmes , les biens des Eglises , & de ne pas en disposer (2).

---

(1) *Voyez* Hericourt, *Loix Eccles.* P. 4. ch. 1. n. 42. *Diction. des Domaines* , tome II. *verbo* DIMES. *Procès-verbaux des Assemblées du Clergé* , tome VII. p. 1706.

(2) *Ut plebes Ecclesia* (les Paroisses) *nullatenus aut Comitibus , aut Episcoporum vassallis , aut aliis laïcis in beneficio tribuantur.* Concile tenu en 904. can. 9. Collection de Labbe , tome 9. page 507.

Decimas , quas in usum pietatis concessas esse , canonica auctoritas demonstrat , à laïcis possideri , apostolicâ auctori-

Dans le Concile de Saint - Denys , l'an 996, les Evêques délibérèrent fur les moyens de recouvrer les dîmes détenues par les laïcs : ils vouloient même reprendre celles qu'on avoit données aux moines. Mais tandis qu'ils s'occupent de cet objet , un homme de l'Abbaye de Saint-Denys va répandre cette nouvelle ; les laïcs décimateurs en font effrayés autant que les religieux ; il s'enfuit une émeute violente ; les Evêques font obligés de prendre la fuite. Seguin , Archevêque de Sens , qui préfidoit l'affemblée , fut couvert de boue & même bleffé d'un coup de hache entre les épaules (1).

Les biens des Eglifes furent en Bretagne ,

---

tate prohibemus. Sive enim ab Epifcopis , vel REGIBUS , *vel quibuslibet perfonis eas acceperint , nifi Ecclefiæ reddiderint, fciant fe facrilegii crimen committere , & æterna damnationis periculum incurrere.* Concile de Latran de 1078. can. 1. cauf. 16. q. 7. repété par le Concile de Latran de l'an 1139.

Si quis Principum , vel aliorum laïcorum , difpofitionem feu dominationem rerum , five poffeffionem ecclefiafticarum , fibi vindicaverit , ut facrilegus judicetur. Décrétale de Pafcal II. & de Calixte II. qui vivoient au commencement du douzième fiécle. *Voyez* dans Gratien , can. 15. caufe 16. q. 7. & la note des correcteurs Romains fur ce texte.

(1) *Voyez* Thomaffini *vetus & nova Ecclefiæ Difcipl.* Part. 3. lib. 1. cap. 2. §. 16. & feqq.

comme dans le reste des Gaules, la solde ou la récompense des gens de guerre. Nos anciens monuments en offrent des preuves frappantes. Le canon 46 du Concile de Tours de 813, fait justement présumer que les précaires ou bénéfices laïcs, formés des revenus du Clergé, furent en usage dans cette Province.

Nous y voyons, comme en France, dans les neuvième & dixième siécles, & dans les suivants, les Monastères ainsi que les Paroisses possédées par les laïcs, avec les dîmes, les prémices, les oblations & les droits de sépulture. Quant aux Paroisses, les preuves s'en trouvent pour ainsi dire à chaque page des chartes de notre histoire (tom. Ier.). Il en est de rassemblées en grand nombre dans la requête d'opposition du sieur Abbé de la Biochaye ; on ne citera que quelques exemples de Paroisses & de Monastères tenus en fief.

Vers 1055, deux laïcs, frères, vendent aux Moines de Saint-Florent, leur moitié de l'Eglise d'Hercé, la moitié de la dîme & des droits de sépulture ; & les Moines en paient les lods & ventes, au Seigneur de qui l'Eglise même, c'est-à-dire le droit d'en percevoir les revenus étoit tenu en fief : *Seniori de cujus casamento erat eadem ecclesia, pro assensu*

&

*& auctoramento suo dederunt Monachi decem so-
lidos* (1).

Dans le même temps, Haimon du Bloe

______

(1) *Preuves de l'Histoire de Bretagne*, par Dom Morice,
tome I. col. 407. Le motif de cette libéralité fut que les dîmes ne font pas deftinées à la folde des gens de guerre :
*Domino inspirante intelligentes decimam atque sepulturam,
non stipendiis militum, sed potiùs sustentationi deberi, monachorum, clericorum, pauperum atque peregrinorum.* Voilà
le motif de la donation. Les deux freres donnent à S.-Florent,
non pas la moitié de leur dîme féodale, mais la moitié de
la dîme & de la fépulture *de l'Église* d'Hercé, *medietatem
decimæ & sepulturæ Ecclesiæ quæ vocatur* Hercey, *in Pago
Rhedonensi.* C'est donc un retour à la deftination primitive.

L'autre moitié de ces mêmes droits étoit affectée à la fubfiftance des Prêtres & aux charges eccléfiaftiques : *In aliâ
medietate presbyterorum pars, & omnes episcopales vel ecclesiastica redditiones ab initio constitutæ fuerant.* Ainfi, la
moitié donnée à Saint-Florent, les Seigneurs donateurs en
avoient la jouiffance privative ; ils en jouiffoient fans aucune
charge, comme ils la donnent, *ita ut nullus homo, nequa
presbyter, neque alius, eam demere posset.* Ils ne l'avoient
donc pas affignée pour la fubfiftance des prêtres. Cependant
il eft dit de cette moitié qui étoit propre aux Seigneurs, que
c'eft la moitié de *la dîme de l'Église*, la moitié de la dîme
de l'Église, comme la moitié de la fépulture de l'Église. Il
eft donc vrai que le total de la dîme étoit d'origine eccléfiaftique, comme le total de la fépulture. Ce raifonnement
décifif, on peut le faire fur prefque toutes les chartes de donation de dîmes, & particulièrement fur les chartes de cette
efpèce raffemblées parmi les preuves de l'Hiftoire de Bretagne. Il rend inutiles tous les efforts des adverfaires, pour

F

donne à Marmoutiers l'Eglife de Sougeal, avec tout ce qui en dépend, fçavoir *la dîme*, les oblations, les droits de fépulture, une métairie & un pré, du confentement de fon Seigneur Mainon, duquel il tenoit lefdites chofes en fief; *Dominus meus Maino de cujus fedeo omnia quæ fuprà dicta funt teneo, auctorifavit libenti animo, &c.* (1).

En 1060, Hervé de Martigné donne à Marmoutiers la fixième partie de deux Eglifes, c'eft-à-dire la fixième partie de la dîme, des droits de fépulture & des oblations, avec le confentement du Vicomte de Rennes, (*de cujus beneficio hæc tenebat*), de qui il tenoit ces chofes en fief (2).

A la même époque, un noble du nom de Roger donne la huitième partie d'une Eglife du Diocèfe de Rennes, *quam militari beneficio tenuerat* (3).

---

appliquer aux dîmes féodales ces expreffions fi lumineufes, & qui reviennent fans ceffe dans les chartes : *Decima Ecclefia, decima de Ecclefiá, decima pertinens ad altare & Ecclefiam, Ecclefia cum decimâ ejusdem,* ou *cum decimâ ad eam pertinente.*

(1) *Preuves de l'Hift. de Bretagne,* tome I. col. 411.

(2) *Ibid.* col. 415.

(3) *Ibid.* col. 416.

(83)

Il feroit facile de multiplier les exemples (1).
Bornons-nous à citer trois Monaftères.

Au commencement du onzième fiécle ,
Guiddenoch fait approuver par Alain Duc de
Bretagne , le don qu'il entend faire à Marmoutiers du Monaftère de S. Exupère de Ga-
hard , que Guiddenoch tenoit en fief , *in beneficium tenebat*, fous la mouvance immédiate
du Duc (2).

Vers 1070 , un autre Seigneur nommé
Ebroin, donne aux Moines de Saint-Florent
le petit Monaftère de Combourn, avec tout ce
qui en dépend , fçavoir la fépulture, *la dîme*,
les prémices, les oblations, le cimetière, fous
la réferve néanmoins du droit de camper dans
le cimetière en temps de guerre. Cette donation eft faite du confentement du Seigneur
proche, de qui ces chofes relevoient, & de
celui du Seigneur fuferain (3).

En 1089, le Duc Alain & un Seigneur nom-

----

(1) *Ibid.* col. 384 , 387 , 393 , 412 , 451 , 455 , 462 , 471 ,
486 , 504 , 520 *in fine* , col. 639 , &c.

(2) *Ibid.* col. 360.

(3) *Ibid.* col. 438. *Ego Ebroinus , miles ftipendiarius , &
fratres cohæredes mei , Sancto Florentio propè Salmurum
dedimus Monafteriolum quod vocatur* Comburn , *cum omnibus rebus ad eum pertinentibus , fcilicet fepulturâ,* Decima, *primitiis atque fpontaneis oblationibus , & toto cimi-*

mé Audren , vendent à l'Abbaye de Quimperlé , le Monaftère de Saint Caft , avec fes dîmes , *cum oblationibus & decimis* , &c. (1).

2. DIMES ecclésiastiques transmises aux laïcs par le Clergé.

IL y a tout lieu de penfer , que ces inféodations de Monaftères étoient des abus du pouvoir féculier. Je ne trouve nul exemple de pareilles aliénations faites par des Prélats.

Mais du neuvième au quatorzième fiécles , vous voyez dans toute l'Europe , les Papes & les Evêques accorder des dîmes eccléfiaftiques aux Seigneurs qui ont bien mérité des Eglifes. Vous voyez les Evêques , les Abbés , les Chapitres , les Archidiacres , & même de fimples Bénéficiers , transmettre aux laïcs les Paroiffes avec leurs dîmes & prémices , & ce que nous appellons *droits curiaux* , le plus fouvent par inféodation , quelquefois en aleus , & généralement à toutes fortes de titres.

---

terio . . . . . . Hanc donationem noftram firmavit Bloc de Hercac nofter propior dominus , de cujus cafamento hanc Ecclefiam hareditario jure tenebamus.

(1) *Ibid.* col. 438. *Voyez* trois autres exemples de Monaftères vendus ou donnés en tout ou partie par des laïcs , *Ibidem* , col. 390 , 391 & 400.

Tantôt, c'étoit une folde, une récompenfe du fervice militaire, que faifoient les laïcs à la décharge des Prélats, ou fous leur conduite, ou pour les défendre dans les voyages, & dans les guerres privées : tantôt ils donnoient par crainte, quelquefois par ambition, ou par une affection défordonnée pour des parens & des amis.

La preuve de ces faits fe rencontre par-tout, dans les hiftoriens, dans les loix, dans les anciennes chartes, dans les canons des Conciles.

Si quelqu'un, dit Charlemagne, dans un capitulaire de l'an 819, a reçu de nous des biens des Eglifes, & qu'il s'agiffe de renouveller la conceffion ; qu'il s'adreffe aux Evêques & aux fupérieurs eccléfiaftiques, & qu'il tâche de l'obtenir d'eux ; qu'il fe donne bien garde de défirer, ou d'acquérir autrement les chofes faintes *(1)*.

Ainfi les Evêques & les Abbés furent en

____

(1) *Præcipimus, fi quis ex jure ecclefiaftico, hactenus noftrâ largitate aliquid poffedit, fi illa deinceps habere voluerit, ad proprios Epifcopos veniat, & ab eis & à præpofitis Ecclefiarum, undè effe videntur, quocunque modo juftè potuerit, ea impetrare fatagat, & nihil ex iis aliter ambiat, concupifcat vel accipiat, ne cupidos fanctarum rerum ignis qui in eis eft, eos favillofiùs exurat.* Capitulaire de l'an 813, édition de Baluze, tome I, col. 527. art. 3.

droit de difpofer des biens des Eglifes. Quelques-uns en usèrent fans aucune réferve.

Sous Louis le Débonnaire , un Abbé de Figeac aliéna au profit d'un feul Seigneur foixante *Eglifes* , à la charge de fécourir de fes forces en temps de guerre , l'Abbaye & ceux qui en dépendoient (1). Il ne faut pas oublier que le mot *Eglife* défignoit alors, & long-temps depuis a défigné les revenus des Cures, & en particulier les dîmes (2). C'eft ici, comme l'a remarqué M. le Préfident Bouhier , une véritable inféodation.

Dans des remontrances adreffées à Louis le Germanique , en 858 , les Evêques de Champagne & de Normandie , font mention des

_____

(1) *Hic (* Radulphus Abbas Figiacenfis *) de honore Fiacenfis Monafterii tantum diftribuiffe invenitur, ut uni foli, fcilicet Seniori Calmontenfi, fexaginta* Ecclefias *cum quingentis manfis dederit, eo tantùm tenore, ut . . . . . cùm neceffitas pofceret, folo juffu, abfque lucro alio temporali, bella Abbatis & fuorum præliaretur.* Tiré de l'Hiftoire du Monaftère de Figeac , recueillie dans les *Miscellanea* de Baluze , tome II. page 299.

(2) *Ecclefiarum nomine , oblationes,* DECIMÆ *, aliique reditus , data & conceffa intelligebantur, ut patet ex veteribus actis.* De Marca , note fur le Concile de Clermont , can. 7. p. 287. du Recueil intitulé *Petri De Marca Differtationes tres* , Parifiis, 1669. *Voyez* auffi le *Gloffaire* de Du Cange , *verbo* ECCLESIA.

biens donnés à des laïcs, par les Prélats, à la charge du service militaire, & demandent pour ces fiefs la même protection, les mêmes immunités que pour les autres biens des Eglises (1).

Cependant ces inféodations dégénéroient en abus. En 876, le Concile de Pontigny ordonna de révoquer celles qui auroient été faites *par crainte* ou *par faveur* (2).

Au dixième siécle, les Prélats donnèrent aussi des terres & sur-tout des dîmes ecclésiastiques aux Seigneurs, pour en être proté-

____

(1) *De* consecratis Deo rebus, *quod habent liberi homines Ecclesiis servientes per dispositionem Rectorum ipsarum Ecclesiarum, ideo constituerunt Apostolorum successores, hoc ordinari, ut quia creverunt fidelium vota, & increverunt fidelium mala, augeretur per dispensationem ecclesiasticam regni militia, quatenus ipsa Ecclesia defensionem haberent & pacem ; & christianitas obtineret tranquillitatem. Quâpropter sicut & illa res & facultates de quibus vivunt clerici, ita & illa sub consecratione immunitatis sunt de quibus debent militare vassalli, & pari tuitione à regiâ potestate in Ecclesiarum usibus muniri.* Collection des Capitulaires de Baluze, tome II. col. 108.

(2) *Ut res ecclesiasticas tam mobiles quàm immobiles, nemo invadere præsumat, & quæ à Rectoribus Ecclesia hactenus ob timorem vel favorem, alicui libellario vel emphyteutico jure dolosè, vel cum damni detrimento Ecclesia, amissa videntur, ad pristinum jus revertantur.* Concil. Pontigonense, anno 876. cap. 10.

gés contre les irruptions des Normands & des autres barbares , qui firent en Bretagne de si terribles ravages (1).

Les auteurs citent la donation faite en 961 par Arnoul le grand , Comte de Flandres , à l'Eglises de Bruges , *des dîmes* que le Pape avoit accordées en fief , à lui & à ses prédécesseurs , en récompense de ce qu'il avoit fait pour la défense de l'Eglise , contre les Vandales , car c'est ainsi qu'on appelloit quelquefois les Normands (2).

Pour achever de suite ce qui regarde les concessions des Papes , nous dirons qu'ils ont accordé d'abord à temps & ensuite à perpétuité , aux Rois d'Espagne , une grande partie des dîmes de ce royaume , pour avoir recouvré par leurs armes & rendu au culte chrétien les Eglises occupées par les infidèles (3); que le Comte de Barcelone & les nobles de Catalogne (4), & le Marquis de Brandebourg (5)

---

(1) Voy. *Nouvelle Encyclopédie méthod.* verbo DIMES , page 761. col 1.

(2) L'acte est rapporté par Robert Le Mire , *cap.* 34. du *Codex donationum piarum.*

(3) *Voy.* Gonzalez, *ad cap.* 19. Ẍ. *De Decimis.*

(4) Thomassinus *De vet. & novâ Ecclesiâ Discipl.* Part. 3. lib. 1. cap. 11. n. 19.

(5) *Voy.* Innocentii III. *Epistolas* , *lib.* 13. *Ep.* 21.

ont obtenu pour eux, par les mêmes motifs, de semblables priviléges. Si les monuments de l'Histoire de Bretagne avoient été mieux conservés, on y verroit de pareils exemples. Ce qu'il y a de bien remarquable, c'est qu'en cette Province, on ne trouve les laïcs possesseurs des Eglises & de leurs dîmes, qu'après les irruptions des Normands.

Mais si les Papes, qui n'ont exercé nulle part avec plus d'empire qu'en Bretagne les droits ou les prétentions du Patriarchat d'Occident, s'étoient abstenu en ce pays de disposer des dîmes, il s'en faudroit bien que les Prélats Bretons en eussent agi de même. On verra bientôt qu'ils se comportèrent comme leurs collègues dans le reste de l'Europe. Reprenons le fil de nos preuves.

Vers la fin du dixième siécle, Fulbert, Evêque de Chartres s'élevoit avec force dans ses lettres, contre les Evêques de Paris, contre un Archidiacre de ce diocèse, qui avoient donné en fief à des laïcs les dîmes & autres revenus des Eglises, *Altaria* (I), *decimas,*

(I) *Altare, idem quod* Ecclesia, *reditus altaris seu Ecclesia, præcipuè decima ecclesiastica.* Glossaire de Du Cange, *verbo* ALTARE. *Ecclesia vel decima vulgari vocabulo apud Gallos* Altaria *nuncupantur.* C'est ce que nous apprend un

oblationes altarium fæculari militiæ, laïcis in be-
neficium (1).

En 1049, un Concile de Rheims, préfidé
par le Pape Léon IX, & qui avoit pour objet
de réprimer plufieurs abus invétérés dans l'E-
glife Gallicane, entre autres celui des inféodations du revenu des Paroiffes à des laïcs,
crut devoir aller jufqu'à défendre abfolument
(2) ces aliénations. Pareille difpofition dans le
Concile de Rouen de la même année (3).

Vous retrouvez encore cette prohibition
dans le Concile de Tours de 1060 (4); dans la

---

ancien texte rapporté dans Gratien, *Caufe première, q. 3.*
can. 4.

(1) *Vide* Thomaffini *De vet. & novâ Ecclefia Difcipl.*
Part. 3. lib. 1. cap. 11. n. 16.

(2) *Ne quis laïcorum ecclefiafticum minifterium vel altaria*
teneat, nec Episcoporum quivis confentiat. Concil. Remenfis, ann. 1049, can. 3.

(3) *Ut Episcopus clericorum Ecclefia ftipendia aut terras*
laïcis beneficiare minimè præfumat. Concil. Rhotomag. ann.
1049 *ou* 1050. can. 10.

(4) *Ut nullus Episcoporum vel Prælatorum, aliquod no-*
vum beneficium de rebus ad jus Ecclefia pertinentibus, ulte-
riùs præfumat contrà canones alicui vendere aut dare. Qui-
cunque verò aliquid ad jus Ecclefia pertinens fub nomine
beneficii, five quolibet modo ab Ecclefiâ alienare hactenùs
præfumpferit; fi adhuc fupereft, aut reftituat Ecclefia quod
malè fubftraxit, aut canonicâ multetur fententiâ. Concil.
Turonenfe, an. 1060. can. 3.

suite le Pape Gregoire VII prononce anathême contre les refractaires (1). S'il est vrai que les règlements nouveaux sont des remédes qui toujours indiquent un mal actuel, il ne faut pas douter que celui-ci ne fût un désordre général.

Vainement le pieux Cardinal Pierre Damien tonne contre les coupables (2) ; son éloquence demeure sans effet. Les foudres de l'Eglise se feront encore entendre, avant que les laïcs

---

(1) » Pervenit ad nos fama finistra, quòd quidam Episcoporum, non sacerdotibus propriæ diœcesis *decimas* atque christianorum oblationes conferant, sed potiùs *laïcalibus* personis, militum videlicet, sive servitorum, vel, quod gravius est, *consanguineis*. Undè si quis à modo Episcopus inventus fuerit hujus divini præcepti transgressor, inter maximos hæreticos, & inter antichristos non minimus habeatur . . . . . & qui dat Episcopus, & qui recipiunt ab eo laïci, *sive pretia, sive beneficio, æterni incendii ignibus deputentur* «. Can. 3. cause 16. q. 7. Can. 13. cause 1. q. 3.

(2) *V.* Thomassinus, *loco cit.* n. 17. *Inter hæc mala,* dit Pierre Damien, lib. 1. epist. 10. *illud excedit & diabolicam propè modum videtur æquare nequitiam, quia prædiis in militiam profligatis, omnique possessione terrarum, insuper etiam decimæ ac plebes adduntur in beneficium fæcularibus.* Un Évêque de Noyon & de Tournay donne à un seul Seigneur douze Églises du diocèse de Tournay ; *quod non erat infrequens ipsis Pontificibus forsan ultrò deferentibus,* dit la Chronique de l'Abbaye de Falcampin, qui nous a conservé ce trait. *Voy.* Freminville, *Traité historique des dîmes,* page 102.

(92)

ceſſent de demander les dîmes, avant que les Prélats aient le courage ou le pouvoir de les refuſer aux ſollicitants.

En 1085, le Concile de Quedlimbourg ſe contente de défendre aux laïcs de s'approprier les dîmes, même à titre de fief, ſans le conſentement des légitimes poſſeſſeurs (1).

Ainſi ces conceſſions continuent ; elles ſe multiplient en Allemagne (2) & en France.

Un auteur du douzième ſiécle, dans un Traité *de corrupto eccleſiæ ſtatu*, livre approuvé du Pape Eugêne III, n'oublie point cette plaie faite à la diſcipline extérieure de l'Egliſe ; il en accuſe fortement la molleſſe des Evêques, & la tolérance des Princes (3). En 1163, le

____

(1) *Ne laïci decimas ſibi vindicent in proprietatem, nec etiam in beneficium, niſi conceſſione legitimorum poſſeſſorum.* Synodus Quedlimburg. an. 1085. can. 5.

(2) Voy. *Theſaurus juris eccleſiaſtici potiſſimùm Germanici* de Schmidt, *tome VII.* publié à Heidelberg en 1779. On y trouve, *pages* 51, 52, 53, 54, un recueil d'exemples de dîmes inféodées au profit des Seigneurs laïcs par les Évêques Allemands, dans les dixième, onzième, douzième, treizième & quatorzième ſiécles. Tous ſont tirés de chartes imprimées en diverſes collections.

(3) *Inter laïcos vix invenias in ordine militari aliquem ſuis contentum ſtipendiis, ad ſacularem videlicet militiam pertinentibus, ita ut non habeant decimas militiæ ſpiritali potius quàm ſaculari, divinâ ordinatione deſtinatas . . . . .*

(93)

Concile de Tours, compofé de 114 Evêques, &
préfidé par Alexandre III, eft obligé de renouveller les anciennes défenfes & de prononcer
la peine de dépofition contre les Evêques pré-
varicateurs (1). Prouvons par des faits, que
les Evêques & les Chapitres de Bretagne ne
fçûrent pas mieux que les autres, réfifter à
l'afcendant des Seigneurs laïcs.

Malgré la prohibition des Conciles, Quiriac
Evêque de Nantes, dans l'onzième fiécle, con-
céde à fon frère, nommé Rodoald, l'Eglife
paroiffiale de Pontchâteau, avec les revenus
curiaux, *ecclefiam ipfam & presbyteratum ipfius;*
c'eft ce que nous apprenons de l'acte par lequel Rodoald, au lit de la mort, donna cette

---

*Hujus autem confufionis præcipui funt machinatores Epis-
copi laïcis talia beneficia præftantes, & Principes eadem
fuâ potentiâ manu tenentes.* Ex libro Gerohi *De corrupto
Ecclefiæ ftatu,* dans les *Miscellanea* de Baluze, tome V.
page 90.

(1) *Statuimus ut fi quis laïco in fæculo remanenti, Ecclefiam, decimam, oblationem conceferit, à ftatu fuo, ficut
arbor quæ inutiliter terram occupat, fuccidatur; & don c
emendet, dolore fua ruinæ jaceat proftratus.* Concil. Turonenfe, anno 1163. can. 3. C'eft le chap. 17. Ẍ. *De Decimis.* Le chap. 7. Ẍ. *De Præfcriptionibus,* parle auffi de ces
conceffions des Prélats, & les réprouve ainfi que celles des
Princes. Le chap. 15. Ẍ. *De Decimis* offre la même décifion.

Eglife à Marmoutiers. Par les foins de l'Evêque Benoît, fucceffeur de Quiriac, cette donation ne fut exécutée, qu'à la charge aux
Moines de fournir une penfion viagère à la
veuve & au fils de Rodoald (1).

Dans un autre acte fait environ l'an 1110,
on apprend que Guillaume Irfoi, croifé, donna
à l'Abbaye du Mont-Saint-Michel, une dîme de
S. Broladre, qu'il tenoit de l'Evêque ou Archevêque de Dol, *quam tenebat de Dolenfi Archie-
pifcopo* (2).

En 1160, Marcis de Goulaine rend à
l'Abbaye de Vertou, les dîmes & les offrandes
qu'il tenoit en fief de la même Abbaye, dans
les Eglifes de la Chapelle-Hulin & de Ste.
Radegonde de Goulaine (3).

En 1267, Guillaume de Coëtquen engage
toutes fes dîmes de la Paroiffe de S. Hélen,
qu'il tenoit en fief du Chapitre de Dol, *quas
tenebat in feudum de dicto capitulo* (4).

En 1295, Robert le Veyer perd, faute d'hommage, fes dîmes de la Paroiffe de Lanvallays,

---

(1) Voy. *Preuves de l'Hifloire de Bretagne*, par Dom
Morice, *tome I. col.* 472.

(2) *Ibid.* col. 522.

(3) *Ibid.* col. 639.

(4) *Ibid.* col. 1011.

qu'il tenoit en fief du Chapitre de Dol (1).
Son fief confiftoit uniquement en dîmes ; il
tenoit d'un corps eccléfiaftique , & naturellement décimateur eccléfiaftique. Voilà donc encore une fuite de cet ufage dont nous avons
tant parlé. L'extenfion des droits du patron-
nage nous en préfente un autre , qui fut pour
les laïcs une fource non moins abondante de
revenus eccléfiaftiques.

3. *DIMES des Eglifes appropriées aux laïcs à l'occafion du patronnage.*

IL étoit permis aux Seigneurs de bâtir dans
leurs terres de nouvelles Eglifes , d'y faire
ériger par l'Evêque de nouvelles Paroiffes ;
mais on ne vouloit pas que les droits des
anciennes fuffent diminués par ces établiffe-
ments , auxquels fouvent le caprice ou des
motifs de pure commodité donnoient l'exiftence. La dîme dont l'ancienne Paroiffe avoit
joui par le paffé , lui étoit réfervée par le
Capitulaire de Charlemagne de l'an 804 (2);
les terres même dont les Cathédrales & les

----

(1) *Ibid.* col. 1117.
(2) *Capitulaires* de l'Édition de Baluze , *tom. I. col.*
416. *art.* 3.

Monaſtères acquéroient la propriété, devoient
continuer de payer la dîme à l'Egliſe qui en
jouiſſoit auparavant (1).

---

(1) *Ibid.* art. 2. col. 415. *De decimis ubi antiquitùs
fuerunt ecclesiæ baptiſmales & devotio facta fuerit, juxta
quod Epiſcopus ordinaverit, omnimodis fiant donata. Et
ſi per donationes Regum aut cæterorum Deum timentium
bonorum hominum, ad Epiſcopia ſeu Monaſteria aliquæ
res delegata ſunt, & ex ipſis rebus antiquitùs ad ipſas eccleſias priores, decimæ data fuerint, ipſa antiqua donatio
vel devotio firma & ſtabilis permaneat.* Nous croyons avoir
ſaiſi le vrai ſens de ce texte. L'auteur du *Commentaire ſur
l'Edit de mai* 1768 (*tom.* I. *p.* 161), a crû qu'il s'agit
là de dîmes données aux Evêchés & aux Monaſtères ; au
contraire, il s'agit de fonds qui, donnés aux Évêchés &
aux Monaſtères, n'en devoient pas moins la dîme aux
Paroiſſes qui la recevoient auparavant. On vient de publier
à Bouillon, un *Recueil d'autorités ſur les vrais & les faux
principes en matière de dimes.* Aux pages 46 & 47 de cet
ouvrage poſthume, trop vanté par ceux qui ne ſont pas
verſés dans ces matières, ce même contre-ſens, échappé
à l'un des plus ſçavans hommes du royaume, eſt donné
comme *une preuve ſans replique* de la nature profane &
cenſuelle des dîmes inféodées ; mais ici le texte eſt ajuſté
de manière à convaincre. Voici comme on le préſente :
*Si per donationes regum aut cæterorum Deum timentium
bonorum hominum ..... decimæ data fuerint, ipſa antiqua donatio vel devotio firma & ſtabilis omnino permaneat.*
C'eſt ainſi, que dans une loi, qui ne parle évidemment
que de dîmes eccléſiaſtiques, on a trouvé des dîmes profanes données avant 804 aux Evêchés & aux Monaſtères,
par les Rois & par les laïcs.

Cet

Cet ordre fut bientôt renversé par les fondateurs ou patrons des Chapelles privatives
& des nouvelles Paroisses. D'abord, ils s'ef-
forcèrent à l'envi de faire payer les dîmes à
leurs Chapelles, à leurs nouvelles Eglifes (1);
ils voulurent du moins y donner leurs propres dîmes, celles des terres qu'ils faifoient
cultiver. En Angleterre, une loi d'Edgar permit au *Thane* ou Seigneur, de donner le tiers
de *fes propres dîmes* (2) aux Eglifes bâties

---

(1) Le Concile d'Arles, en 813, can. 20, renouvelle
en ces termes la difpofition du Capitulaire de l'an 804 :
*Ut Ecclefiæ antiquitus conftituta nec decimis, nec ullâ
poffeffione priventur.* Dans la même année, le Concile de
Mayence, can. 41, défend, *ne decima novis oratoriis den-
tur, fine confenfu & confilio Epifcopali.* Vous trouvez le
même abus clairement décrit, dans le Concile de Pavie
de 855, art. 12 : *Quidam laïci qui vel in propriis, vel
in beneficiis fuas habent bafilicas, contemptâ Epifcopi dif-
pofitione, non ad Ecclefias ubi baptifmum & prædicatio-
nem, &c. percipiunt, decimas fuas dant; fed vel propriis
bafilicis vel fuis clericis pro lubitu tribuunt... Voyez* auffi
le can. 14 du Concile de Tribur, de l'an 895.

(2) *Si quis Thanorum fit qui in feodo fuo* (il faudroit
terrâ fuâ fuivant le texte Anglo-Saxon) *Ecclefiam habet,
in quâ fit cæmeterium, det tunc tertiam partem propriarum decimarum fuarum, Ecclefiæ fuæ. Si quis Ecclefiam
habet, in quâ non fit cæmeterium, tunc ex novem partibus
presbytero fuo det quidquid velit; & tranfeat quilibet ec-
clefiafticus cenfus ad primariam Ecclefiam de quâlibet terrâ
liberâ.* Loix d'Edgar, chap. 2. *tom.* I. *p.* 133 des traités

G

dans fa terre, lorfque ces Eglifes avoient un cimetière ; & le neuvième, lorfqu'elles n'en avoient pas, c'eft-à-dire, lorfqu'elles étoient fimples Chapelles domeftiques : ce qui excédoit le tiers ou le neuvième reftoit à l'Eglife matrice.

Bientôt les patrons difposèrent à leur profit, des dîmes qu'ils avoient illégalement procurées à leurs Eglifes. Dès l'an 572, il avoit fallu réprimer ces laïcs avares, qui fpéculoient fur l'établiffement d'une maifon de prière, & la fondoient pour en *partager les offrandes avec le prétre qui la defferviroit* (1).

---

publiés par M. Houard fur les Coutûmes Anglo-Normandes. On retrouve la même difpofition dans les loix de *Canut*, chap. II. Mais *propriarum decimarum* ne fignifie pas *des cens, des dîmes feigneuriales*, comme l'ont écrit l'auteur du *Dictionn. de Droit Normand*, tom. I. p. 761, & celui de l'art. DIMES dans *l'Encyclopédie méthod.* p. 761 col. 2. *Propriarum fuarum*, eft là au même fens que *fua* dans les loix de Pepin & de Charlemagne, *unufquifque fuam decimam donet*. C'eft ainfi que dans le Capitulaire de l'an 800, Charlemagne dit encore, parlant de la dîme de fes domaines : Noftra *decima data non fiat, nifi ubi antiquitus inftitutum fuit*. Enfin, l'interprétation que nous avons donnée des loix d'Edgar & de Canut, eft celle du plus célèbre Jurifconfulte d'Angleterre. *Voyez* Commentaries on the Laws of England, by fir William Blackstone ; *introd. fect.* 4. tom. I. p. 113 *de l'édition de Londres* 1783.

(1) *Si quis bafilicam non pro devotione fidei, fed pro quæftu cupiditatis ædificat, ut quidquid ibidem de oblatione*

Ce que les laïcs eurent de droits fur les biens des Paroiffes qui leur étoient concédés par les Princes & par les Prélats, les patrons fe les arrogèrent fur les dîmes & fur les autres revenus des Eglifes de leur fondation; & ce fut la fuite d'un fyftême qu'il faut expliquer.

C'eft un principe, reconnu dans tous les fiécles & dans tous les états chrétiens, que le fondateur eft propriétaire (1) de l'Eglife par lui fondée, bâtie, dotée, & qu'il peut y exercer les droits de propriété compatibles avec la deftination du lieu, avec les loix qui concernent la police des temples.

Comme les autres parties de l'ordre civil, cette police enfin s'eft perfectionnée, & les anciens droits du patronage font depuis long-temps réduits à de fimples prérogatives d'honneur; mais, pendant bien des fiécles, ces droits eurent plus d'étendue qu'on ne pourroit maintenant l'imaginer.

---

populi colligitur, medium cum clericis dividat.... *Hoc de cætero, obfervari debet, ut nullus Epifcoporum tam abominabili voto confentiat, &c.* Concile de Bragues, chap. 6, dans le décret de Gratien, dift. 1, *de confecrat. can.* 10.

(1) Voyez *Mémoire fur le Patronage* (par M. de Feranville), *pages* 68 & *fuivantes.*

Le Patron agiſſoit comme le maître abſolu (1), non pas ſeulement de ce qu'il avoit donné, mais encore de tout ce que les Chrétiens donnoient à ſon Egliſe ou aux Miniſtres qui la deſſervoient, des dîmes, des offrandes, de tous les droits curiaux. Il eſt vrai que ſouvent il nourriſſoit les Prêtres dans ſa maiſon, & les y tenoit auſſi dans un aſſujettiſſement honteux. S'il ne les nourriſſoit point, il leur donnoit des gages, il leur affermoit ou leur afféageoit, à des conditions plus ou moins onéreuſes, le tout ou partie des revenus de ſon Egliſe. Souvent ils avoient à peine le néceſſaire, tandis que le patron *dépenſoit les dîmes à nourrir ſes chiens, à entretenir ſes concubines.*

C'eſt un Concile de Meaux de l'an 845 qui nous l'apprend (2); ſes plaintes donnèrent lieu à un Capitulaire de Charles le Chauve pour défendre aux laïcs de toucher aux dîmes (3). Alors, ſur les débris de la puiſſance

---

(1) Voy. Boehmer, *jus eccles. Proteſtantium*, lib. 3, tit. 38. §. 34, 36, 37, 38, 39.

(2) *Si laïci capellas habuerint, à ratione & auctoritate alienum habetur, ut ipſi decimas accipiant, & indè canes & gynæciarias ſuas paſcant.* Concil. Meldenſe, can. 75.

(3) *Ut laïci decimas de Eccleſiis non contingant.* Capitulaire de l'an 846, art. 16. Baluze, *tom. II. col.* 30.

royale & de la liberté du peuple , commençoit à s'élever la monſtrueuſe anarchie du gouvernement féodal ; la volonté arbitraire des Seigneurs uſurpoit la place des loix ; on faiſoit encore des plaintes inutiles , mais pas un règlement auquel on dût obéir (1).

En 888 , dans le Concile de Metz , nouvelle défenſe aux Patrons de s'approprier les dîmes de leurs Egliſes (2).

Mais on ſçait bien mépriſer l'exhortation des Evêques , lorſqu'on ne reſpecte pas l'autorité publique. En 922 , un autre Concile (3) eſt forcé de répéter les mêmes plaintes que faiſoit celui de Meaux , & c'eſt avec auſſi peu de ſuccès.

Les Patrons crurent faire beaucoup , en ne prenant que les deux tiers des dîmes de leurs Egliſes ; il y en eut pluſieurs qui furent moins modeſtes. Vous trouvez juſqu'à ſix Conciles Français qui bornent leur prévoyance à ordon-

---

(1) Voy. *Obſervations de Mably ſur l'Hiſtoire de Fr.* tom. I. p. 210.

(2) *Statuimus ut , deinceps , nemo ſeniorum , de Eccleſiâ ſuâ accipiat de decimis aliquam portionem , ſed ſolummodo ſacerdos , &c.* Concile de Metz, de l'an 888, can. 36.

(4) Concile de Coblentz de l'an 922. can. 5.

ner aux Seigneurs de laiſſer aux Curés le tiers des dîmes (1).

De ce tiers du patrimoine des Egliſes & des droits caſuels, ou ſeulement d'une partie,

---

(1) 1. *De ecclesiis in alodiis laïcorum conſtitutis, ut tertia pars decimarum cùm primitiis & presbyterio, ad ſervitium ipſius Eccleſia, ſub Epiſcopi, vel Clericorum ditione permaneant.* Concile de Toulouſe de l'an 1056, can. 2.

2. *Quicumque laïcorum aliquid de iis quæ ad oblationem vel eleemoſinam Eccleſia pertinent, ſive ſepulturam, ſive ſaltem tertiam decimarum partem poſſidere, vendere aut ſub nomine beneficii alicui dare, ulterius præſumpſerit, anathematis gladio feriatur.* Concile de Tours de l'an 1063, can. 8.

3. *Ne laïci beneficiorum eccleſia, quantum ad tertiam ſacerdotis partem pertinet, participes fiant.* Concile de Rouen de l'an 1074. Coll. des Conc. de Labbe, tom. X, pag. 311.

4. *Nullus laïcus in reditibus altaris, vel in ſepulturâ, vel in tertiâ parte decima aliquid habeat, nec presbyter inde ſervitium faciat, niſi legationem Domini ſui portet, & ad orationes per Normanniam ſolummodo, victum Domini ſui habens, ſi Dominus voluerit ſecum vadet.* Concile de Lillebonne, de l'an 1080, can. 4.

5. *Nullus laïcus participationem habeat in tertiâ parte decima, vel in ſepulturâ, vel in oblatione, nec ſervitium nec aliquam oblationem indè exigat, &c.* Concile de Rouen de 1096, can. 5.

6. *De tertiâ parte decimarum, nihil presbytero qui ſervit Eccleſia auferatur.* Concile d'Avranches, de l'an 1172, can. 8.

les Patrons formoient un fief dont ils donnoient l'inveftiture au prêtre; celui-ci leur en
portoit fon hommage, fouvent à charge de
rentes & de corvées perfonnelles. C'étoit
comme à leur vaffal, comme à leur homme de
foi, qu'il étoit permis au pafteur de vivre &
de remplir les fonctions du faint miniftère (1).

Ce dernier abus fut profcrit par le Concile de Bourges de 1031 (2), & par plufieurs
autres; mais il étoit fi enraciné, que le Pape
Calixte au Concile de Rheims de 1119, ayant
défendu de recevoir des laïcs l'inveftiture des
Eglifes & des poffeffions eccléfiaftiques, fut
obligé de reftreindre fon décret aux Evêchés
& aux Monaftères (3).

Les Patrons en Bretagne ne furent pas plus
réfervés que dans le refte de l'Europe : delà
fans doute, une grande partie des dîmes de
la Province fut autrefois en main laïque, &
s'y trouve encore aujourd'hui.

____

(1) *Voy.* Thomaffin, *vetus & nova ecclefia Difcipl.*
part. 2. lib. 3. cap. 21. §. 6, 7, 8. Boehmer, *Jus Eccles.
Proteft.* lib. 3. tit. 38, §. 35 & 36.

(2) *Ut faculares viri ecclefiaftica beneficia, quod fevos
presbyterales vocant, non habeant fuper presbyteros.* Concile de Bourges, de l'an 1031, can. 21.

(3) Thomaffin, *loco cit.* §. 7.

Ce qu'il y a de certain, c'eſt que vous voyez en Bretagne, dans les onzième & douzième ſiécles, le fief presbytéral, *ſevum presbyterale*, compoſé du tiers des dîmes de l'Egliſe, fief dont les laïcs donnoient l'inveſtiture.

Vers l'an 1040, Ruauld, *ſæculari militiæ deditus*, donne à Marmoutiers tout ce qu'il *paroît avoir de domaine propre* en Egliſes, autels, *dîmes, & les portions qu'il en a inféodées tant aux prêtres deſſervants*, qu'à des laïcs, tout ce qu'il poſſéde en domaine & fief, & *qui appartient* aux Egliſes de Ste. Marie-du-Pélerin, de Saint-Pierre-de-Rais, de Saint-Nazaire, d'Eſcoublac, de Donges & de Varades (1). Ces portions des prêtres de ces différentes Egliſes dans les dîmes & autres revenus de leurs Paroiſſes, étoient le fief presbytéral de chaque Recteur, ſous la proche mouvance du Patron, qui avoit en domaine propre le reſte des biens de ces Egliſes, à l'exception de quelques parties par lui afféagées à des laïcs. Il ſemble impoſſible de ne pas reconnoître là, cette extenſion du Patronage qui devint ſi funeſte aux Paroiſſes. En voici d'autres exemples.

Vers l'an 1080, Archambault de Liré donne

---

(1) *Preuves de l'Hiſtoire de Bretagne*, tom. I. col. 383.

à Marmoutiers deux parties des revenus de l'Eglise de Liré. Ce font les deux tiers que plusieurs Conciles laissoient au Patron. L'autre tiers qui formoit le fief presbytéral, étoit alors possédé par un nommé Gautier, qui *venant à se convertir*, & à reconnoître l'injustice de fa détention, donne encore ce tiers aux Moines chargés de desservir l'Eglise : *Post hæc, Gauterius filius Ayrardi veniens ad conversionem, dedit fevum presbyterale Ecclesiæ Sanctæ-Mariæ de Liriaco, quod est tertia pars totius decimæ de toto Liriaco* (1).

Vers l'an 1095, un gentilhomme du nom de Horri du Laurier ou du Loroux, donne à Saint-Nicolas d'Angers la moitié d'une Eglise de Sainte-Marie, avec le fief presbytéral (2).

Une remarque importante, c'est que le tiers des dîmes étoit dans cette Province la part ordinaire des Curés, à quelque titre que les laïcs ou mêmes les Religieux successeurs des laïcs fussent possesseurs des Eglises. Ce tiers joint aux droits casuels ou curiaux, s'appelloit *presbyterium, presbyteratus, pars facerdotalis*.

---

(1) *Ibid.* col. 451.
(2) *Ibid.* col. 486.

Environ l'an 1070 , Albaud, prêtre & co-propriétaire de l'Eglife de Saint-Georges de *Catellon* , aujourd'hui *Châtillon* , diocèfe de Rennes , achete, pour quinze fols de ce temps-là , d'avec quatre gentilshommes fes conforts, la part facerdotale de cette Eglife , c'eft-à-dire, la troifième partie de la dîme, de la fépulture, les prémices , &c. *Sacerdotalem partem, ... id eft tertiam partem decimæ atque fepulturæ , primitias omnes , &c.* (1). A la même époque, Friold , Vicomte de Donges , jouiffoit à la fois du terrage & de la dîme fur fes vaffaux d'une certaine Ifle appellée *Tiliniacum* ; preuve évidente que la dîme étoit d'origine eccléfiastique ; car il n'y a point d'exemple de deux champarts dûs fur la même terre. Le tiers de cette dîme appartenoit au prêtre (2).

Dans le même fiécle, une conteftation s'élève entre les Religieux & deux Recteurs, au fujet de la part facerdotale ; cette part eft encore fixée au tiers par l'Archidiacre & le Doyen du Chapitre de Dol (3).

En 1231, il eft queftion dans le diocèfe de Saint-Malo de régler la part facerdotale,

----

(1) *Ibid.* col. 437.
(2) *Ibid.* col. 435.
(3) *Ibid.* col. 633.

non pas fur les dîmes féodales, mais *de ipfius ecclefiæ reditibus* ; l'Evêque affigne pour cette part, le total du cafuel &, en outre, le tiers des dîmes, fuivant la coûtume, *tertiagium decimarum, ficut folet habere facerdos* (1).

Ainfi le partage des dîmes des deux tiers au tiers, fi commun en Bretagne, entre les décimateurs eccléfiaftiques & laïcs, d'une part, & les Recteurs, vient en cette Province, du même principe que dans le refte du royaume ; de ce que les laïcs font devenus par diverfes caufes détenteurs des dîmes eccléfiaftiques, & qu'au lieu de les rendre aux Paroiffes, ils en ont fouvent retenu les deux tiers, ou les ont donnés à des Religieux, à des Chanoines ; ou de ce qu'ayant tranfmis les dîmes en entier aux Chapitres & aux Abbayes, ceux-ci de leur plein gré, ou déterminés par l'ufage, ou forcés par des décifions particulières, ont laiffé le tiers aux Curés pour la portion congrue. Ce tiers ou toute autre portion des Recteurs, (car l'ufage n'a pas été uniforme fur ce point,) eft un refte de l'ancien patrimoine de la Cure, & non pas une aumône des Seigneurs prife fur leurs dîmes féodales. Ce n'eft pas ici une con-

---

(1) *Ibid.* col. 877.

jecture fans fondement, une imagination fan-
taftique ; c'eft un fait conftaté par les monuments de l'Hiftoire. Il va devenir de plus en
plus fenfible, par ce qui nous refte à dire
fur le dernier moyen qui a fait paffer les dîmes de l'Eglife aux mains des féculiers.

4. DIMES eccléfiaftiques ufurpées par les laïcs.

LE fort du Clergé fut prefque fans ceffe
d'être en même temps enrichi & dépouillé par
les laïcs. Souvent les fpoliations furent l'ouvrage de la violence, & quelquefois une fuite
des fermes accordées à des hommes puiffants
& injuftes. D'une & d'autre manière, les dîmes, comme les héritages des Eglifes, devinrent la proie d'ufurpateurs, qui n'avoient pour
titre que l'impuiffance où l'on étoit de s'op-
pofer efficacement à leurs projets.

Parcourons rapidement les canons & les loix
qui auroient dû remédier à ce défordre, &
qui ne firent qu'en confacrer la mémoire. Les
Eglifes n'avoient que leurs oblations & quelques héritages : déjà on les envahiffoit. Cela
n'eft pas étonnant chez des peuples encore dans
l'enfance de la civilifation. Les Conciles d'Orléans de 541 & de 549 ordonnent de chaffer des

Eglifes, ceux qui par l'autorité des Seigneurs ou autrement fe feroient emparés des biens eccléfiaftiques (1). Les dîmes établies dans les feptième & huitième fiécles, excitent de plus en plus la cupidité.

En 836, le Concile d'Aix-la-Chapelle déclare ennemis de Dieu, ceux qui s'emparent des dîmes qui lui font offertes, *qui Deo oblatas decimas auferunt* (2).

Vers le milieu du neuvième fiécle, Nominoé devenu Roi de Bretagne, & Salomon fon fucceffeur, font repris par les Evêques de France, pour avoir ufurpé & laiffé ufurper les biens des Eglifes, *poffeffiones ecclefiarum* (3), *facultates ecclefiæ* (4) ; depuis deux cents ans, la dîme eccléfiaftique étoit payée chez les Bretons : ce n'eft donc pas une conjecture trop hardie, de penfer que dès-lors il y en eut d'ufurpées. Pourquoi dans la Bretagne, alors fans ceffe déchirée par des diffentions domes-

------

(1) Conc. d'Orléans, de l'an 541, *can.* 25 ; de l'an 549, can. 13 & 14.

(2) *Can.* 18.

(3) Lettre du Concile de Tours, de l'an 849, à Nominoé : *Preuves de l'Hift. de Bretagne*, tom. I. col. 291.

(4) Avis pour le Roi Salomon, dans la lettre du Concile de Savonières de l'an 859, aux Evêques de Bretagne. *Ibid.* col. 310.

tiques, par des guerres civiles ou nationales, auroit-on refpecté plus qu'ailleurs ces principaux biens des Eglifes ? Nous manquons de monuments à cette époque ; mais nous devons juger de ce qui arriva dans notre pays, par ce qui fe faifoit en France.

Dans la lettre de 858, qu'on a déjà citée, les Evêques de Normandie & de Champagne fupplient inftamment le Roi de ne pas fouffrir qu'on dépouille les Eglifes de leurs biens : *Res & facultates ecclefiafticas , quæ funt vota fidelium , pretia peccatorum , ftipendia ancillarum & fervorum Dei , deprædari & ab Ecclefiis discindi , nolite fuftinere* (1). Ces expreffions femblent annoncer qu'il s'agiffoit principalement des dîmes. Il faut entendre au même fens, le Capitulaire de 877 : *Ut res ecclefiafticas, tam mobiles quam immobiles , nemo invadere vel auferre præfumat.* Les dîmes tant enviées par les laïcs n'étoient, pas plus que le refte des biens du Clergé, à l'abri de leurs invafions. Rien n'eft plus décifif que le fixième canon du Concile de Trofley de l'an 909, qui, après s'être élevé fortement contre ceux qui commençoient à affujettir les prêtres, à rai-

______

(1) Collection des Capitulaires de Baluze, *tom.* I. *col.* 108.

fon des biens des Paroiffes, à des redevances pécuniaires & à des corvées, ajoûte : *Quidam præfumunt presbyteros expoliare decimis....* Ce texte n'a pas befoin de commentaire.

Le Pape Urbain II, dans une lettre écrite l'an 1087 , aux grands & au peuple du bas Languedoc, s'exprime ainfi : « Payez en en- » tier les dîmes ; & quant à ceux qui poffé- » dent injuftement les biens des Eglifes, qui » s'en emparent par violence, qu'ils les res- » tituent, de peur qu'ils ne périffent pour » l'éternité ». (1)

En 1119, Concile de Touloufe, où fe ren- dirent les Evêques du Languedoc & de la Provence , préfidé par le Pape Calixte II , qui défend aux Princes & en général aux laïcs, fous peine d'être exclus des Eglifes comme facriléges, de s'emparer des dîmes, des pré- mices, des offrandes , &c. (*can.* 4).

Dans la même année , au Concile de Rheims, encore préfidé par Calixte II, anathême lancé contre les ufurpateurs des biens eccléfiafti- ques (*can.* 3).

Pour tarir une fource ordinaire d'ufurpations,

______

(1) C'eft l'*Epitre* XXI d'Urbain II ; on la trouve dans les différentes collections des Conciles.

différents Conciles, dans les douzième & treizième fiécles, défendirent d'affermer à des laïcs les dîmes & les autres revenus des bénéfices : un long fouvenir des anciens défordres, & le défir de prévenir les inconveniens de la violence & de l'autorité, portèrent le Clergé à folliciter les Ordonnances, qui dans les feizième & dix-feptième fiécles ont ftatué, que les gentilshommes, les juges & *tous autres gens de main-forte*, ne peuvent prendre directement, ni indirectement, les fermes *des dîmes* ni des autres biens eccléfiaftiques.

En 1268 & 1273, les Evêques Bretons au Concile provincial de Château-Gontier, & à celui de Rennes, fe crurent obligés de décerner la peine d'excommunication contre les laïcs ufurpateurs des Eglifes & de leurs biens.

I V.

RÉPONSE aux chartes alléguées, pour prouver l'ancienne exiftence des dîmes féodales en Bretagne.

ON a prétendu que les dîmes qui fe trouvoient autrefois la plûpart entre les mains des Seigneurs Bretons, & qu'ils donnoient au Clergé

Clergé ou qu'ils partageoient avec lui, étoient de vraies dîmes domaniales.

Avant de se livrer à la discussion des exemples qu'on nous objecte, il faut remarquer premièrement, que l'universalité des dîmes ecclésiastiques dans cette Province, dès le septième siècle, est un fait démontré par l'histoire, étoit un droit fondé sur l'usage ; & que, dans le neuvième siècle, ce droit se trouva établi par l'autorité des deux Puissances.

En second lieu, les dîmes ecclésiastiques sont ordonnées par les loix, & les dîmes domaniales ne doivent leur existence, qu'à des conventions particulières pour certains cantons, & certains vassaux de certaines Seigneuries.

Enfin, la dîme domaniale ou le champart conventionnel, soit à la dixième gerbe, soit au dessus, est rare en Bretagne ; c'est Poullain du Parc qui le dit (1), & cette vérité, rien ne peut la détruire. On trouve à peine dans nos livres, quatre ou cinq exemples (2) de dîmes féodales, tandis qu'il est

____

(1) *Principes du Droit Français*, suivant la Coûtume de Bretagne, *tom.* III, *p.* 244.

(2) Les trois premiers sont dans Hevin, *Consult.* sixième, à la fin des *Quest. féodales*. Je n'y comprends pas la dîme du Parc de Bernon *à la tierce ou quinte gerbe* ; jamais ce

H

par-tout queſtion des dîmes eccléſiaſtiques. Le terrage très-anciennement & très-conſtamment uſité dans cette Province , eſt à la moitié ,

---

champart n'a pû être confondu avec la dîme eccléſiaſtique. Le quatrième eſt dans le *Journal du Parlement de Bretagne* , tom. V , chap. 73. C'eſt l'arrêt de 1751 pour la Paroiſſe de Carentoir , arrêt qui bien examiné ſe trouveroit , peut-être , n'avoir pas de meilleur fondement , que la trop foible défenſe du Recteur de Carentoir. Enfin , le cinquième eſt un afféagement de 1767 , qu'on trouve cité dans le même vol. *p.* 741. On ne parle pas d'un ſixième exemple , tiré du même recueil , *tome V , chap.* 95. Il ſeroit trop facile de faire voir que c'eſt une pure imagination de l'arrêtiſte. L'arrêt ajugea les dîmes des novales au Prieur de Saint-Michel-des-Montagnes , qui tenoit ſon droit de dîme d'un Seigneur laïc , vivant au douzième ſiécle. Mais ce Prieur avoit titre & poſſeſſion pour jouir des novales ; or en pareil cas , le laïc poſſeſſeur d'une dîme tenue en fief pouvoit s'approprier les novales , même avant l'Edit de mai 1768. *Loix eccles.* d'Hericourt , *part.* 4 , *tit.* 1 , *n.* 7. De Jouy , *Principes des dîmes* , p. 138. Camus , *Tr. des port. congr. tom.* II , *p.* 234. Donc , il n'y a nulle raiſon de penſer , que la nature profane de la dîme du Prieur ait ſervi de baſe à la déciſion. Au moins ce ſeroit une baſe bien mal aſſurée ; car cette dîme ſe partageant avec le Recteur des deux tiers au tiers , & s'étendant aux novales , ſuivant les titres , ces deux circonſtances , jointes au grand fait des dîmes de l'Egliſe autrefois transmiſes aux laïcs dans toute la Bretagne , auroient dû faire juger cette dîme eccléſiaſtique d'origine ; mais , quelle que pût être l'origine de la dîme , les novales appartenoient au décimateur , puiſqu'il avoit titre & poſſeſſion pour les percevoir.

au tiers, au quart ou au cinquième des fruits;
voilà le terrage de Bretagne, tel qu'il eft mentionné dans la très-ancienne Coûtume, *chap.*
209; tel qu'on le trouve encore fixé par les
ufements de Cornouailles, de Treguier, de
Léon, de Daoulas, &, ce qui eft ici décifif,
par l'ufement de Rohan (1). Jamais ce terrage, qui diffère de la dîme eccléfiaftique,
& par le nom & par la quotité, n'a pû être
confondu avec elle. Ce n'eft qu'en des temps
très-modernes, qu'on trouve en Bretagne des
conceffions faites à charge d'un terrage appellé
dîme, à la quotité du dixième ou au deffous.
Quelques Seigneurs qui avoient retenu les dîmes eccléfiaftiques, ont ftipulé la dîme des
défrichements, pour conferver l'univerfalité
de leur perception, malgré les règles, qui,
avant l'Edit de 1768, attribuoient les nova-

---

(1) Ufement de Cornouailles, *art.* 17 ; de Treguier,
art. 26 ; de Léon & Daoulas, *art.* 6 ; de Rohan, *art.* 14.
Les tributs & cens feigneuriaux font bien diftingués de la
dîme dans les décrétales, cap. 33, Ẍ *De decimis* : c'eft à
tort qu'on reproche au Clergé de les avoir confondus. Cette
idée eft une invention moderne, pour difpenfer les laïcs
de rendre les dîmes aux Eglifes. Le Concile de Rouen de
l'an 1223, les diftingue auffi fort nettement : *Solutionem
campartorum præcedat folutio decimarum ; vel faltem qui
camparta percipiunt, ea decimare cogantur.* can. 17.

les au Clergé, particulièrement aux Recteurs. Telle est l'origine de la plûpart des dîmes féodales. Elles existent dans la Bretagne en si petit nombre, qu'elles n'ont jamais fixé l'attention des législateurs ; il n'est pas une de nos loix Bretonnes, ancienne ou nouvelle, qui en offre le moindre vestige.

D'après ces observations, si dans les chartes qu'on nous oppose, il s'en trouvoit d'équivoques, on présumera facilement pour la qualité de dîme ecclésiastique : car on présume toujours, pour la loi, pour l'usage, pour ce qui s'est fait communément, & jamais pour les exceptions, pour les bisarreries.

En 900, Even, Comte de Léon, donne à l'Abbaye de Landevenec une *tréve, tribum*, du nom de Saint Winwret, consistant en douze villages, *cum omni debito & decimá & omnibus appendentiis* (1). Il y a tout lieu de penser, que cette dîme étoit la dîme ecclésiastique de l'Eglise *tréviale*, c'est-à-dire, de l'Eglise succursale de Saint Winwret, transmise au Comte de Léon, par quelqu'un des moyens qu'on a expliqués. En effet, dès l'an 854, vous trouvez en Bretagne *les Eglises*, & conséquem-

---

(1) *Preuves de l'Histoire de Bretagne*, tom. I. col. 338.

ment leurs dîmes, aux mains des laïcs, vendues par eux, pour de l'or, de l'argent & des chevaux (1). Cette dîme de Saint Winwret étoit probablement en Léon ; or le terrage de droit est fixé dans ce ressort, à la cinquième gerbe, par un très-ancien usage; la dîme dont il s'agit étoit donc une dîme ecclésiastique.

Peu d'années après, Alain Barbetorte, Comte de Vannes, donne à Landevenec, *decimam vini SUI*, (pronom qu'il ne falloit pas omettre), *& duas partes decimarum piscium*, (2), la dîme de son propre vin, & les deux tiers de la dîme, sans doute aussi des poissons de sa cuisine ou de son étang, comme on vit alors tant d'autres Seigneurs donner la dîme de tous leurs revenus, *omnium redituum*, souvent sans qu'ils eussent aucune dîme dans leurs revenus. C'étoit la dévotion de ce temps-là ; outre la dîme qu'on payoit à la Paroisse ou au décimateur qui tenoit la place du Curé, on donnoit à des Religieux, la dîme du vin de sa cave, des poissons de sa cuisine ou de son étang, la dîme (3) du tout ou de partie de son revenu. Il n'y a qu'une excessive pré-

____

(1) *Ibid.* col. 337.
(2) *Ibid.* col. 345.
(3) *Ibid.* col. 422, 529, 579, 632, 650, 651, 716.

vention qui puiſſe trouver là des dîmes féodales.

Dans une donation faite à l'Abbaye de Quimperlé, par la Comteſſe Judith, femme d'Alain
Cagnart, en 1029, nous voyons, il eſt vrai,
des dîmes faire partie de ſes biens dotaux ;
mais quelles dîmes ? Il faut en juger par les
termes de l'acte, qu'on n'a pas oſé rapporter :
*Dimidium villa ecclefia Cluthgual, cum decimâ
ac fepulturâ* (1). On voit aſſez que la dîme
étoit venue à la Comteſſe, de la même manière que les droits de ſépulture ; c'étoit le
patrimoine de la Paroiſſe de Cluthgual. Telle
étoit auſſi la dîme de Caerlagat, référée
dans le titre de 1037 (2) ; on le prouveroit
ſans doute, ſi cette charte de quatre lignes
offroit plus de détails. La même réflexion peut
s'appliquer à la dîme d'Uhelgaiz (3) ; rien
n'annonce du moins qu'elle fût d'origine laïcale.

On trouve d'abord plus de difficulté dans
un cartulaire de l'Egliſe de Quimper, où l'on
voit que Budic donne une terre avec tous
ſes revenus, parmi lesquels ſont *decimæ &
cætera jura quæ de propriâ terrâ ad Dominum*

------

(1) *Ibid.* col. 366.
(2) *Ibid.* col. 374.
(3) *Ibid.* col. 378.

pertinent (1). Dans cette claufe , avant le mot *decimæ* , il y a *terquifiaeth , quevrod* & *partus* , qui étoient des droits feigneuriaux ; on pouvoit donc mettre après *decimæ* , & *cætera jura quæ* , &c. fans que *decimæ* fût néceffairement un droit feigneurial. Les dîmes des Eglifes étant alors prefque toutes entre les mains des laïcs , qui les poffédoient en propriété , cette union de la dîme avec les droits feigneuriaux ne feroit pas fort furprenante. Mais le *Terquifiaeth* étoit une efpèce de champart (2); Budic avoit le champart & la dîme fur fes vaffaux. Il l'avoit comme Friold , Comte de Donges , dont on a parlé ci deffus , *p.* 106. c'étoit donc une dîme eccléfiaftique.

Dans le Comté de Porrhoet , en 1118 , Geoffroy , Comte de Porrhoet , donne une partie de fa dîme de Quillac , à Saint-Martin de Joffelin (3); mais une preuve qu'il s'agit encore d'une dîme eccléfiaftique , c'eft qu'elle eft donnée par le miniftère de l'Evêque , *per manum domni Rivallonis Aletenfis Epifcopi.* Il avoit été défendu aux laïcs de donner ou ref-

---

(1) *Ibid.* col. 379.

(2) V. le *Gloffaire* , à la fin du tom. III. des *Preuves de l'Hiftoire de Bretagne.*

(3) *Preuves de l'Hift. de Bretagne* , tom. I. col. 539.

tituer aux moines les dîmes des Eglises, & à ceux-ci de les recevoir, si ce n'étoit du consentement des Evêques (1). Cette règle, si souvent répétée par les Conciles & par les Papes, a été fréquemment observée en Bretagne, comme

(1) *Voy.* Concile de Rome en 1078, can. 8 ; de Poitiers en la même année, can. 6 ; de Melfe, en 1089, can. 5 ; décrétale d'Urbain II, vers l'an 1095, dans Gratien, can. 39, C. 16, quest. 7. Concile de Londres en 1102, can. 22. Autre Concile de Londres, 1125, can. 4 ; autre Concile de Londres, 1127, can. 11 ; de Rouen, 1128, can. 3 ; troisiéme Concile général de Latran, en 1179, can. 9, qu'on trouve dans le chap. 3, X *de privilegiis.* Concile de Londres, 1200, can. ; quatrième Concile général de Latran, 1215, can. 61 ; Concile de Bourges, 1286, can. 2 ; & de Bayeux, en 1300, can. 53. On rassemble ici, les preuves principales sur ce point de discipline, parce qu'il aura encore son application. D'ailleurs les textes indiqués sont autant de nouvelles preuves, que les laïcs sont devenus possesseurs des dîmes ecclésiastiques. Quelques Evêques firent payer ce consentement, se firent assurer des redevances pour l'accorder ; & c'est ce qu'on appella le rachat *des Autels* ; tant il est vrai que ces dîmes pour lesquelles il falloit le consentement des Evêques, étoient le patrimoine des Eglises. Certains Chapitres & Ordres religieux, eurent des priviléges du Pape, afin d'être dispensés d'obtenir ce consentement, & de ne pas s'exposer à en payer le prix. (De Marca ad can. 7. *Concilii Claromontani* vers la fin, *p.* 294, du Recueil de Dissertations de De Marca ci-devant cité). D'autres négligèrent de demander ce consentement ; & delà plusieurs donations de dîmes ecclésiastiques furent faites à des Moines, sans

on peut s'en convaincre en parcourant les anciennes chartes. Se foumettre à cette formalité, c'étoit reconnoître l'origine eccléfiaftique de la dîme.

En 1150, le Comte Eudon de Porrhoet donne les dîmes de la Paroiffe de Loudéac à l'Abbaye de Lantenac; c'eft une preuve qu'il poffédoit les dîmes de la Paroiffe de Loudéac, mais non pas que les dîmes de cette Paroiffe fuffent d'origine laïçale.

En 1164, le même transporte à Saint-Martin-de-Joffelin certains droits domaniaux, & cent *quartiers*, autrement vingt-cinq mines de bled, à prendre fur les dîmes qu'il poffédoit par héritage ; *quas*, dit-il, *à progenitoribus meis hereditario jure poffidebam* (1) : voilà comme s'exprimoient tous les détenteurs des dîmes eccléfiaftiques. Il y avoit tant de dîmes eccléfiaftiques dans les mains des laïcs, & les Prélats fe plaignoient fi haut de cette inter-

---

obferver cette formalité. Le motif qui la fit inftituer étoit de faire rendre les dîmes, autant qu'il feroit poffible, aux Eglifes paroiffiales dont elles dépendoient. Voyez - en la preuve , dans le traité de Van-Efpen, *de jure parochorum ad decimas* , cap. 1. §. 8, operum tom. II. p. 779. Cette obfervation démontre encore de plus en plus, l'origine eccléfiaftique des dîmes tenues en fief.

(1) *Preuves de l'Hift. de Bretagne* , tom. I. col. 654.

verſion , qu'ils appelloient ſacrilége , que ceux qui les poſſédoient , avoient grand ſoin d'alléguer , comme pour leur ſervir de titre , la longue jouiſſance de leurs ayeux , & leur droit héréditaire. Ces expreſſions n'étoient pas négatives de l'origine eccléſiaſtique ; c'étoit ſeulement l'excuſe plauſible de ceux qui tenoient en patrimoine les Egliſes & leurs dîmes. Vous verrez bientôt les Seigneurs Bretons , dans les actes mêmes par leſquels ils déclarent *rendre & reſtituer* cette eſpèce de biens , employer les mêmes formules pour qualifier leur poſſeſſion qu'ils reconnoiſſent illégale. On ne manquera pas de dire encore , que les Prêtres & les Religieux qui rédigeoient alors la plûpart des actes , *employoient pour mieux défendre leurs acquiſitions*, des énoncés qui ne méritent nulle confiance ; & ce vain ſubterfuge , qui autoriſeroit le plus effrayant pyrrhoniſme , rappellera ſans doute à quelques lecteurs , la plaiſante explication d'un revers de médaille , propoſée au Pere Hardouin , pour le déſabuſer de ſes ſyſtêmes : Oui, les Bénédictins ont fait toutes les médailles. *Cuſi omnes nummi officinâ Benedictinorum* (1).

―――――――――

(1). V. *le Nouveau Dictionnaire Hiſtor. des Grands-Hommes.* art. HARDOUIN.

Les défendeurs ont cru trouver une dîme féodale dans une donation conçue en ces termes : *Quidam miles nomine Simon . . . donavit Deo & sancto Albino, DOMINATURAM suam, quam habebat in altari Sanctæ Opportunæ, & in sepulturâ, & medietatem DOMINICÆ decimæ suæ, totius terræ cultæ & colendæ, de omni parochiâ supra dictæ Ecclesiæ, cum convenientiâ reliquæ mediatis donandæ, cum primum Deus effectum ei & commodum daret* (1). C'est, dit-on, un droit de terrage, qui appartenoit au donateur, à cause d'un fief, *propter dominaturam.*

Remarquons d'abord, que la plûpart des dîmes ecclésiastiques étoient autrefois, comme on l'a montré, inféodées & sous-inféodées aux laïcs ; elles appartenoient donc aux laïcs, à cause du fief qui leur en étoit concédé. Mais à cause de quel fief, les dîmes de la Paroisse de Sainte-Opportune appartenoient-elles à Simon ? A cause du fief qu'il avoit sur l'autel de cette Eglise & sur la sépulture, *propter dominaturam quam habebat in altari Sanctæ Opportunæ & in sepulturâ :* cette dîme étoit donc dépendante de l'autel ou de l'Eglise ; c'étoit

____

(1) *Preuves de l'Hist. de Bret.* tom. I. col. 387.

donc une dîme eccléfiaftique. Auffi le donateur avoit les novales, il avoit la dîme *totius*
terræ cultæ & colendæ dans toute la Paroiffe.
Dominica decima défigne en cet endroit, une
dîme qui appartient en propriété au décimateur, & non pas une dîme féodale. *Dominicus,*
idem que *proprius.* Du Cange l'attefte & le
prouve dans fon *Gloffaire*, mais la charte même
qu'on nous oppofe fuffit pour le démontrer.
Outre les dîmes & la fépulture, Simon donne
aux Moines, *pafnagium porcorum dominicorum*
Monachorum in Bofco de Chortarguen. Faudra-
t-il traduire, *le pafnage des porcs feigneuriaux*
des Moines, ou *le pafnage des porcs des Moines*
feigneuriaux ? Qui ne riroit d'une verfion fi
burlefque ? Encore une fois, *dominicus* dans
les monumens du moyen âge eft fynonime de
proprius. On comprendra donc que les Moines
eurent le droit de pafnage pour les cochons
qui leur étoient propres, à l'exclufion de ceux
qui pouvoient appartenir à leurs fermiers ou
à leurs vaffaux. On confirmeroit cette explication par des exemples tirés de Du Cange,
s'il ne paroiffoit impoffible d'ajouter rien à
l'évidence qu'elle porte avec elle. *Dominica*
decima, eft donc ici la dîme qui étoit propre
à Simon, qui lui appartenoit, qu'il avoit en pa-

(125)

trimoine, comme Seigneur de l'autel de Sainte-
Opportune, en un mot, la dîme de cette Eglife.

Après cela, on ne s'arrêtera guère à cette
charte, où une mère & fon fils donnent à
l'Abbaye de Saint-Georges, le tiers des dîmes de la Paroiffe de Painpont, qui étoient,
où plûtôt qui avoient été *le propre domaine
du Comte Alain*, & qui du moins, au moment
de la donation, appartenoient aux donateurs,
erant propria dominia comitis Alani (1). Ces
dîmes faifoient le *domaine propre*, au fens donné
à ces termes dans l'art. 359 de notre coût.
c'eft-à-dire, que le Comte Alain les poffédoit,
qu'il ne les avoit pas données en fief, comme
faifoient fouvent les détenteurs des dîmes eccléfiaftiques. Ainfi, dans la charte de fondation du Prieuré du Pélerin, déjà citée, p. 104,
les dîmes & autres droits eccléfiaftiques poffé-
dés par le laïc donateur font appellés fes propres domaines, *propria*, par oppofition à ce
qui formoit les portions des Recteurs, & à ce
que les laïcs tenoient de lui en fief, le tout
appartenant aux Eglifes dénommées : *Sive propria, five illa quæ de me tenebantur, tam à
presbyteris quam & à laïcis, ad altare ecclefiasque pertinentia Sanctæ-Mariæ, &c.*

____

(1) *Ibid.* col. 389.

Reste un dernier exemple de dîme prétendue laïcale, &, dans le fait, vraiment ecclésiastique ; c'est la dîme de Kerdin, donnée vers le milieu du douzième siécle, par Alain Vicomte de Rohan (1). Mais cette dîme étoit celle de l'Eglise de Kerdin, *Ecclesia de Kerdin*, comme on peut s'en convaincre en conférant la charte de 1127, ci-devant citée pag. 47, *note* (2). C'est si bien une dîme ecclésiastique, qu'elle est donnée aux moines, avec *l'approbation*, *ratification & confirmation* de l'Evêque. Dès ce temps-là, les cultivateurs du Comté de Porrhoet étoient animés des mêmes sentimens que montrent aujourd'hui les défendeurs ; ils diminuoient la dîme le plus qu'ils pouvoient, ils n'en vouloient payer qu'une partie ; de là l'excommunication que l'Evêque lança en même temps contre les réfractaires.

Rien ne peut mieux faire comprendre la justesse & la vérité de ces explications, & achever de démontrer l'origine ecclésiastique des dîmes tenues en fief, que les exemples suivans de ces dîmes restituées au Clergé par les Seigneurs Bretons, & qui n'ont pas encore trouvé place dans ces recherches.

----

(1) *Ibid.* col. 595.

V.

AUTRES exemples de dîmes inconteſtablement eccléſiaſtiques , reſtituées en Bretagne par les laïcs.

ON ſuivra l'ordre chronologique ; c'eſt le plus ſimple & le plus commode.

En 1008, la Comteſſe Havoiſe , veuve du Comte de Bretagne Geoffroy, de concert avec Alain & Eudon ſes enfans, rendirent , *reddiderunt* (1), l'Egliſe de *Guadel*, aujourd'hui Gaël. On ſe rappelle que le mot *Egliſe* dans le ſtyle de ces temps-là , déſigne les dîmes & les autres revenus eccléſiaſtiques. Geoffroy ou ſes auteurs avoient donc ci-devant pris ces biens; car on ne rend que ce qui a été pris.

En 1050, en exécution d'un décret porté dans le Concile de Rome de l'an 1049, pluſieurs Seigneurs de Bretagne *rendirent* les dîmes & les offrandes de diverſes Egliſes à l'Evêque de Nantes , qui en dreſſa l'acte en ces termes : *Quum intrà Gallias , amplius quam aliubi gentium, mos pravus inoleviſſet , ut Eccleſiarum fructus & altarium decimas vel oblationes , alii quilibet potius quam Eccleſiarum miniſtri*

____

(1) *Ibid.* col. 358.

uſurparent, ſatiſque iniquè comparatūm eſſet ut, clericorum ad laïcos, pauperum ad divites, victualia tranſirent, proceſſit . . . . . decretum, ut laïci omnes miniſtris Eccleſiarum redhibitiones relinquerent, & altarium decimas . . . . in partes cedere ſinerent altaribus ſervientium ; ſi quominus, excommunicationis ſuſciperent vinculum. Quod quum percrebuiſſet, alii obediebant, alii ſuperbè reſultabant . . . . quod (decretum) multi verentes, omnium mihi Eccleſiarum & altarium decimas & oblationes reddiderunt . . . . . (1).

Vers l'an 1065, Rivallon, homme de guerre, *homo militaris*, donne à Marmoutiers la moitié de la dîme de bled qui appartient à l'Egliſe de Sainte-Marie-de-Combourn, *medietatem decimæ annonæ quæ pertinet ad Eccleſiam Sanctæ-Mariæ* (2).

Dans le même tems, Thomas Boutier donne à Marmoutiers ſon tiers de cette Egliſe de Combourn, c'eſt-à-dire, ſon tiers des dîmes de cette Egliſe qu'il uſurpoit & poſſédoit en héritage, ſuivant la perverſe coûtume, *quam juxta pravam mundi conſuetudinem, jure hereditario temerè uſurpabat* (3).

---

(1) *Ibid.* col. 402.
(2) *Ibid.* col. 426.
(3) *Ibid.* col. 431.

Environ

Environ à la même époque, Barbota, qui avoit en patrimoine, *per patrimonium*, l'Eglise de Saint-Breven, & qui la faisoit desservir par un Prêtre au mois ou à l'année, donne cette Eglise à des Moines, *pour obéir aux Conciles* qui menacent d'excommunication les détenteurs des Eglises. (1).

Vers l'an 1070, dans une charte concernant la fondation du Prieuré de Mezoit, en la Paroisse de Carfantin, près Dol, on lit que les habitants de Mezoit appartenoient autrefois à l'Eglise de Carfantin ; qu'ils y avoient porté leurs dîmes, prémices & autres offrandes, lesquelles appartenoient au total à Goscelin de Germaïon ; & que ce Goscelin, pour le salut de son ame, donne le tout aux Religieux de Saint-Florent, & dédommage le Recteur de Carfantin, en lui donnant la dîme de la Villeherault (2). Il donne aux Moines les dîmes & offrandes que les habitans de Mezoit avoient portées autrefois à l'Eglise de Carfantin leur Paroisse : il donne donc des dîmes ecclésiastiques.

Environ l'an 1090, Hélie donne à Marmoutiers, deux tiers des grosses dîmes *appartenantes*

---

(1) *Ibid.* col. 389.
(2) *Ibid.* col. 473.

I

à l'Eglise de Pontchâteau, dîmes qu'il avoit ci-devant afféagées à ce Rodoald dont on a parlé p. 93, & qui avoit possédé en fief le reste de la dîme de cette Eglise avec les droits curiaux, en vertu d'une inféodation de l'Evêque de Nantes.

En l'année 1099, Guitmond qui possède très-injustement, en héritage, la moitié de l'Eglise de Combourg, *qui ejusdem Ecclesia dimidietatem nequissimè possidet*, donne cette moitié à Marmoutiers (1).

En l'année 1105, Harscoet, homme riche & puissant, avoit en patrimoine l'Eglise de Saint-Médard, près Nantes ; enfin touché de repentir, il remit entre les mains de l'Evêque, l'Eglise, le cimetière & le tiers de la dîme, *quas injustè & contra Deum, aliquandiu possederat* (2).

Vers l'an 1110, Hervé Irfoi, frere de Guillaume dont on a parlé, *rend* à l'Abbaye du Mont-Saint-Michel, la dîme de Saint-Broladre que son frere leur avoit donnée, & qu'il tenoit en fief de l'Evêque de Dol. Hervé la leur avoit enlevée, & la gardoit malgré l'anathême lancé contre lui pour cette usurpation (3).

---

(1) *Ibid.* col. 493.
(2) *Ibid.* col. 509.
(3) *Ibid.* col. 522.

Dans le même temps, les De Serent, freres, donnent à l'Abbaye de Redon tout ce qu'ils poffédoient de dîmes, par une efpèce de droit, *jure quodam*, comme les autres nobles ou gens de guerre, *ficut alii milites* (1).

Malgré les reftitutions faites ci-devant des dîmes de Sainte-Marie-de-Combourn, elles étoient toujours poffédées par droit héréditaire, & les ufurpateurs, *depravatores Ecclefiæ*, fe l'étoient transmife de race en race. Cette Eglife fut de nouveau rendue à l'Evêque de Saint-Malo, en 1120 (2). Elle retombe encore en patrimoine aux laïcs ; & toujours pourfuivis par un Evêque plein de zèle, ils la reftituent en 1133 (3).

Souvent les Prêtres héritoient de ces dîmes ou Eglifes patrimoniales, & plufieurs les remettoient aux mains de leur Evêque. C'eft ainfi qu'en 1122, un Prêtre du nom de *Jacob*, donna aux Moines de Marmoutiers, avec le confentement de l'Evêque & de l'Archidiacre de Saint-Malo, l'Eglife d'Ilphintic, maintenant d'Ifendic, que lui & fon pere avoient poffédée, *quafi fub jure hereditario, non fine grandi*

____

(1) *Ibid.* col. 523.
(2) *Ibid.* col. 542.
(3) *Ibid.* col. 567.

I 2

in Deum offensione ; ce sont les termes de l'acte d'investiture. Dans l'acte même de donation qui précéda, les *dîmes* sont positivement exprimées (1). C'est ainsi qu'en 1142 Normannus, Archidiacre de Nantes, rendit & restitua entre les mains de son Evêque, les Eglises de Châteauceaux, qu'il possédoit par droit héréditaire, contre les saints décrets, au risque d'être interdit de ses ordres, & au péril de son ame : *Quas contra canonum decreta & ecclesiasticas sanctiones, sub ordinis & animæ suæ periculo possidebat, dimisit & liberè refutavit.* L'Evêque les donna aussi-tôt à Marmoutiers, & investit l'Abbé de ce Monastère de toutes les oblations, *dîmes*, prémices & autres biens de ces Eglises (2).

On pourroit multiplier facilement les citations de cette nature ; il vaut mieux répondre à une autre objection des adversaires.

____

(1) *Ibid.* col. 545.
(2) *Ibid.* col. 590.

V I.

QUE la poffeffion des Eglifes & de leurs dîmes par les laïcs, étoit un mal univerfel, & non un abus rare, un défordre particulier à quelques Paroiffes.

ILS prétendent, que fi *quelques laïcs poffédoient les Eglifes* & leurs dîmes, *c'étoient des fils de Prêtres* qui retenoient les fonds du bénéfice de leur pere. Tant d'exemples raffemblés, où il ne s'agit point de fils de Prêtres, mais de fils de Princes & des plus grands Seigneurs ; tant d'Ordonnances & de Conciles que nous avons déja cités, & qui tous fuppofent un abus général, doivent diffiper l'illufion. La feule charte de 1050 (1), & celle de 1110 (2), pour l'Abbaye de Redon, font affez voir combien le défordre étoit général ; difons mieux, il étoit univerfel, & prefque fans exception. De nouveaux témoignages vont de plus en plus manifefter ce point d'hiftoire, qu'il eft important de mettre dans le plus grand jour.

Les reftitutions des dîmes eccléfiaftiques auroient dû fe faire le plus fouvent aux Pa-

______

(1) *Suprà*, p. 127.   (2) *Suprà*, p. 131.

roiffes : toujours elles fe faifoient aux Moines ou aux Chanoines, avec le confentement des Evêques. Les Evêques fe montroient peu difficiles à l'accorder ; ils fe le faifoient payer, foit en argent une fois donné, foit en rente exigible au décès du defervant, à l'imitation du relief ou rachat féodal ; & ce défordre, déjà connu fous Grégoire VII, ce Pape l'appelle dans une de fes lettres, un mal univerfel : *Commune malum penè totius terræ, videlicet quod altaria vendantur* (1). Cependant, il n'exiftoit que là où les laïcs avoient pris les dîmes, & les reftituoient en tout ou en partie. Ils continuèrent long-temps depuis, à les acquérir, à les retenir, à les reftituer & à les reprendre encore. Nous ne donnerons pour exemple que l'Eglife de Combourg, dont on a parlé (p. 131).

En 1073, un nouvel Evêque eft nommé pour la ville de Die, dans le Dauphiné ; il trouve à peine une Paroiffe dont il puiffe difpofer, & qui ne foit pas devenue le patrimoine des laïcs ; *Adeò ut de omnibus totius Epifcopatus Ecclefiis, vix unam haberet domus Epifcopalis, aut mater Ecclefia, quum ferè omnes*

______

(1) *Voy.* Van-Efpen, *Juris eccles. univ.* Part. 2. *Sect.* 4. tit. 2. *cap.* 5. §. 25. operum *tom. II. p. 45. col.* 1.

poſſiderentur à militibus, & quibuſlibet ſæculari-
bus (1).

Ne croyez pas que le Clergé de Bretagne fût
plus heureux. A cette même époque, preſque
toutes les Egliſes du pays de Rennes, autrement les revenus de preſque toutes ces Egliſes,
des nobles laïcs en jouiſſoient. *Eo tempore ,*
dit une ancienne charte de notre Hiſtoire,
*cum plurimas & penè cunctas Rhedonenſis pagi
Eccleſias , milites laïci tenebant* (2).

C'étoit de même dans le pays Nantais, dans
le reſte de la Bretagne. Et parce que les reſtitutions ne furent pas faites au Clergé ſécu-
lier , & que les laïcs conſervèrent encore des
dîmes dans toute la Province , comme les ayant
acquiſes avant le Concile de Latran de 1179,
les eccléſiaſtiques inventèrent, pour s'indem-
niſer, différentes preſtations qui excitèrent les
murmures du peuple , & dont une grande
partie parut ſi intolérable, qu'elle fut ſuppri-
mée au commencement du treizième ſiécle.

Ecoutons ce qu'en a écrit D'Argentré, Hiſtorien de la Bretagne , un de ſes premiers

____

(1) Thomaſſini *vetus & nova Eccleſiæ Diſcipl.* Part. 2
lib. 3. *cap.* 21. *n.* 4.

(2) *Preuves de l'Hiſtoire de Bretagne*, tom. I. col. 45.

Magistrats, Jurisconsulte si profond, si judicieux, qu'il est cité encore dans toute l'Europe, & que les succès des Hevin, des Poullain Duparc, dans la même carrière, n'ont rien diminué de sa gloire.

» L'année 1225, recommença la querelle
» du Duc, de la Noblesse & du Clergé; à
» cause de quoi, il assembla ses États à Nantes,
» où il fit plusieurs ordonnances contre l'état
» ecclésiastique, & leur retrancha grandement
» leurs devoirs extraordinaires, & dont ils
» jouissoient pour ledit tierçage, past nup-
» tial, & grand nombre d'autres devoirs rec-
» toriaux, sous infinis titres; le Clergé y fut
» maltraité, ... lequel se défendoit de l'an-
» tiquité de possession, &c. *Disoit, comme*
» *véritablement il pouvoit, que les dímes*, qui
» étoient le vrai & ordonné salaire & nour-
» riture des Curés, *leur avoient été ou ótées ou*
» *grandement diminuées*, par l'aliénation qui
» avoit été faite pour les nécessités des guerres,
» & principalement pour frayer aux guerres
» d'Outre-mer; ensorte, qu'à la plûpart des
» Recteurs n'étoit du tout rien demeuré,
» aux autres bien peu &c.; que *les dímes*
» *étoient pour lors* entre les mains des gen-
» tilshommes, *qui en avoient fait leur patrimoine,*

» duquel ils ne vouloient pas faire grand
» élargiſſement ; que les bénéfices & devoirs,
» qu'on appelloit lors exactions, leur avoient
» été accordées, pour les nourrir *au lieu des-*
» *dites dîmes* , & avoient ſuccédé en leur
» place (1) ».

Dom Lobineau, dans ſon *Hiſtoire de Breta-*
gne, nous atteſte les mêmes faits. « Après le
» ravage des Normands, dit-il, *page* 110, les
» Bretons étant revenus en leur pays , *cha-*
» *que famille noble s'étoit emparée de tous les biens*
» eccléſiaſtiques , qui s'étoient trouvés à ſa
» bienſéance. . . . . A l'égard des Cures, . . .
» après s'être emparés des meilleurs fonds ,
» s'il y en avoit, *& de la plus grande partie*
» *des dîmes*, on n'en avoit laiſſé qu'une por-
» tion très-modique pour l'entretien des Paſ-
» teurs.

V I I.

SENTIMENTS *des Juriſconſultes.*

SEROIT-IL poſſible que tous ceux qui ont
traité cette matière, ſe fuſſent réunis dans le
parti de l'erreur ? Eſt-il *aujourd'hui reconnu par*
les Juriſconſultes, que les dîmes inféodées ſont

---

(1) D'Argentré, *Hiſtoire de Bretagne*, liv. 4. chap. 6.

dans leur principe , un établiffement politique ,
un tribut que les Souverains & les Seigneurs ont
impofé fur les peuples ?

Pour apprécier la valeur de cette affertion
hafardée, & mieux difcuter les témoignages
qu'on nous oppofe, nous allons rappeller ici
tous les principaux auteurs qui ont agité la
queftion de la nature des dîmes inféodées.
Nous les reconnoiffons pour nos maîtres, &
nous rendons le plus fincère hommage au profond génie de quelques-uns d'entr'eux, aux
talens & aux connoiffances des autres. Mais,
enrichis de toutes leurs idées, de toutes leurs
découvertes fur l'objet qui nous occupe, nous
avons un avantage qui leur a manqué plus
ou moins à la plûpart; & nous pouvons,
fans appréhender le reproche d'une critique
trop hardie, pefer ici leurs fuffrages.

Les uns reconnoiffent la nature eccléfiaftique des dîmes inféodées; les autres la con-
teftent; d'autres prennent un avis mitoyen.

Dans la première claffe, vous trouvez prefque tout ce qu'il y a de noms célèbres dans
la Jurisprudence ; Du Moulin (1), D'Argentré,

______

(1) *Decima infeudata , dit-il, fuerunt ab Ecclefiâ ex-*
propriata , & effcêta proprium patrimonium laïcorum , Mo-
linxus ad art. 46, *aliàs* 68, *Confuet. Parifienfis ,* glof. 1,

Pithou, Douaren, Coquille (1), Chopin, De
Marca, Hauteferre (2), Thomaffin (3), Bruf-
fel (4), De Laurière (5), Du Pleffis, Du
Perray, Gohard, Gueret fur Le Prêtre (6),

---

verbo Franc-aleu, *n.* 19. Il ne faut point objecter fa note
fur l'art. 105. de la Coûtume de Poitou : *decimæ infeudatæ,
pactione publicâ & conventione generali laïcis conceffa fuerunt.* Il eft clair qu'il défigne en cet endroit, les conceffions de dîmes faites aux laïcs par l'autorité des chefs de
l'Etat.

(1) Le judicieux Coquille fut d'abord féduit par le fyftême des anciennes dîmes domaniales ; il crut y découvrir
l'origine de nos dîmes. *Voyez* fon *Commentaire fur la
Coûtume de Nivernois*, chap. 12 ; mais ce bon efprit ne
tarda pas à reconnoître la vérité. *Je ne fuis*, dit-il, (en
fon premier *Traité des Libertés de l'Eglife Gallicane*,
page 100, édition de 1703) *de l'opinion de ceux qui difent que les dîmes étant au patrimoine des gens laïcs,
foient établies dès le tems de la domination des Romains
ès Gaules, & que les François, ayant conquis les Gaules
fur les Romains, ayent retenu les dîmes en droit feigneurial. Ains, je crois que la fource & origine des dîmes en
l'Eglife chrétienne, a été par l'humble dévotion & confentement général du peuple chrétien, qui a accordé au
Pafteur de l'Eglife, la dîme des fruits de fon labeur.*

(2) *Origines feudorum,* cap. 5.

(3) *Vetus & nova Eccl. Difciplina,* Part. 3, lib. 1, cap. 11.

(4) *Des fiefs,* tom. II. pag. 386 & fuivantes.

(5) Sur Ragueau, *verbo* Dîmes inféodées. Sur les *Infti-
tutes de Loifel,* liv. 2, tit. 2, *n.* 39. Ordonnances des
Rois de la troifième race, *tom. I, pag.* 104.

(6) Gueret fur Le Prêtre, *cent.* 1. *chap.* 13.

D'Héricourt , M. le Préfident Bouhier, De Jouy, Routier, &c. &c.

Ceux qui foutiennent le fyftême des dîmes domaniales font , Grimaudet, Guenoys, Du Puy , Chorier, Sauvageau , M. de Perchambaut & Fréminville. Si Bafnage & Me. Piales n'avoient pas adopté leurs erreurs , on voit affez qu'il ne fe trouveroit parmi eux, que des Jurifconfultes du fecond ordre.

Grimaudet , Avocat du Roi au Préfidial d'Angers , décédé en 1580 , eft le premier inventeur du fyftême des dîmes domaniales. C'eft lui qui le premier (1) en a trouvé le principe dans les dîmes que Samuel fait appréhender aux Hébreux demandant un Roi, dans les anciennes dîmes d'Italie & de Sicile, dans Ciceron, dans Jules Cefar, Appien, &c. Mais fa plus forte preuve étoit un canon évidemment fuppofé, où le fauffaire nous préfente des laïcs décimateurs du temps de Saint Jerôme (2). On plaidoit encore ce grave moyen au Parlement de Paris, dans la caufe jugée par l'arrêt du 3 avril 1662. Il faut fçavoir gré aux défendeurs d'avoir négligé cette reffource. Mais fi Grimaudet eût connu cette fuppofition,

____

(1) Grimaud. *Tr. des Dîmes*, liv. 1, ch. 4. Liv. 2, ch. 6.
(2) Can. 68. caufe 16. queft. 1.

il eût sans doute abandonné sa prétendue découverte.

Guenoys (1), Sauvageau (2), Chorier (3), Basnage (4), n'ont fait que copier Grimaudet & Coquille. Ils auroient dû remarquer que le sçavant & judicieux Coquille, entraîné d'abord par l'autorité de Grimaudet, avoit depuis reconnu son erreur.

Le suffrage de Du Puy, n'est pas ici d'un grand poids : il n'a point approfondi la question ; il n'a point consulté les sources ; il ne raisonne que par conjectures ; il se rend suspect par ses déclamations contre *l'avarice & l'ambition* qu'il attribue aux *gens d'Eglise* ; & dans ses raisonnements, il tombe en contradiction avec lui-même (5).

____

(1) Confér. des Coût. tit. *des censives*, tom. II. fol. 349 & 351.

(2) Sur M. Du Fail, liv. 3. ch. 400.

(3) Sur Guy Pape, liv. 1. sect. 5. art. 7.

(4) Sur la Coût. de Normandie, *tom.* I. *page* 20. mais il s'est retracté *page* 155 & 211 , *ibid.* nouvelle édition.

(5) Du Puy sur l'art. 74 des *Libertés*, commence par faire dériver les dîmes inféodées de ce que *la noblesse & ceux qui avoient de l'autorité, avoient usurpé les dîmes ;* & après avoir affirmé sans preuve bien des erreurs qu'on a ci-dessus réfutées, il finit par dire, que *s'il est permis d'user en ce lieu de conjecture, il y auroit grande apparence,* que les dîmes inféodées sont une espèce de champart

De la méthode, un style clair, assez pur & souvent énergique, une austère probité, de grands sentiments de religion, une généreuse liberté de penser & d'écrire, une sainte hardiesse à dénoncer les abus qui tournent à l'oppression du peuple, voilà ce qui distingue les ouvrages de M. de Perchambaut, & ce qui les fera toujours chérir des bons citoyens. Mais il ne faut pas compter sur son exactitude; il en manque presque par-tout dans les principes, & souvent aussi dans les recherches d'histoire & d'antiquité. S'il inspire quelquefois le goût de l'érudition, ce n'est pas un sûr guide en cette carrière. Il publia en 1694, un petit livre intitulé *Entretiens sur les dîmes, &c.* où il entreprend de prouver que les dîmes des laïcs, & même quelques dîmes du Clergé viennent de la libéralité des Princes, *qui les ont,* dit-il, *détachées de leurs domaines.* Ses preuves sont l'Ordonnance de Clotaire datée de l'an 560, & le Capitulaire de Dagobert, ou la loi des Bavarrois, auxquels on a ci-devant répondu. Que n'eût-il pas dit, s'il eût connu le Moine *Helgaldus*, & les dîmes du Seigneur *Leodeboldus ?*

On seroit étonné, si M^e. Piales, ce canoniste si justement célèbre, après avoir discuté la queſtion avec l'exactitude & l'habileté qu'on lui connoît, s'étoit décidé pour l'origine profane des dîmes inféodées. Mais que dans un livre ſur les *Réparations des Egliſes* (1), il ait parlé de cette origine, comme d'*un ancien préjugé*, qu'il ait affirmé en paſſant, & ſans aucune preuve, que les dîmes des Seigneurs ſont plus anciennes que les dîmes eccléſiaſtiques ; c'eſt un tribut qu'il a payé à la prévention : l'humanité ſeroit trop fière, ſi les doctes écrivains ne pouvoient jamais ſe méprendre.

Freminville, dans un *Traité hiſtorique de l'origine & nature des dîmes*, publié en 1762, a pouſſé le paradoxe plus loin que tous ſes prédéceſſeurs ; il ne craint pas d'affirmer, que toutes les dîmes du royaume, celles même qu'on nomme eccléſiaſtiques, ſont d'anciens tributs, des preſtations foncières ; que toutes ſont *démembrées du domaine du Roi, & ſont la dot de la couronne* (2) ; qu'elles ſont *toutes poſſédées à la charge de ſervices féodaux envers le Roi* (3), & qu'elles ne doivent contribuer

---

(1) *Tom.* II. *pag.* 56 & 57.
(2) *Pag.* 199.
(3) *Pag.* 124 & *ſuiv.*

ni à la Portion congrue ni aux autres charges décimales (1). Il n'y a que le délire de la fiscalité qui ait pû enfanter de pareilles idées. Ce livre où les adversaires ont puisé la plus grande partie de leurs raisonnements & de leurs citations, n'en a point imposé aux sçavants ; on l'a rejetté comme contraire aux monuments de l'histoire. Le Gouvernement n'y a point eû d'égards ; & six ans après la publication de cet ouvrage, l'Édit du mois de mai 1768 a de nouveau reconnu par l'art. VI. l'origine ecclésiastique des dîmes inféodées, en les assujettissant à l'obligation subsidiaire de fournir la Portion congrue.

Il faut aussi parler de l'ouvrage tout récent, intitulé : *Recueil d'autorités sur les vrais & les faux principes en matière de dîmes, par feu M. Gabriel, ancien Bâtonnier de l'ordre des Avocats du Parlement de Metz ;* Bouillon, 1786. Le §. III. de ce Recueil est intitulé : *Origine d'une dîme plus ancienne que celles de l'Eglise, & comment il en est passé une forte partie au Clergé.* Ce n'est qu'une analyse des raisons de Grimaudet, avec quelques citations des Jurisconsultes modernes que Grimaudet a induits

____

(1) *Pag.* 198 & 220.

en

en erreur. Les paragraphes IV. & V. ont pour objet , de montrer qu'il n'y a *aucune preuve qu'aucune dîme inféodée foit eccléfiaftique dans fon origine.* Le quatrième n'offre rien de remarquable , que le texte d'un capitulaire de 804, pris à contre-fens , & falfifié , fans doute par (1) mégarde (car on eft bien loin d'avoir le moindre foupçon contre l'honnêteté de l'auteur, qui jouiffoit dans fa Province de la réputation la plus intacte) ; & le cinquième , eft une critique trop férieufe de quelques phrafes peu importantes d'un auteur qui n'a pas été profond , & qui ne cherchoit pas à l'être. En un mot, dans les trois paragraphes concernant l'origine des dîmes inféodées , l'écrivain a montré , peut-être l'efprit , mais non pas les lumières de fon fiécle.

Enfin , des auteurs foutiennent que les dîmes tenues en fief font, les unes d'origine eccléfiaftique , & les autres de nature profane & laïcale ; mais quelques-uns d'entr'eux vont trop loin , lorfqu'ils femblent reconnoître parmi ces dîmes , autant ou plus de preftations foncières, que de dîmes d'origine eccléfiaftique. Tout ce qu'on a vû ci-deffus eft bien capable de dif-

______

(1) Voy. *fuprà* , pag. 96 , en note.

K

fiper cette prévention : voyons fur quoi fe fondent ceux qui ont penfé de la forte.

Le Merre, Drappier, La Combe, Du Parc Poullain, font partifans de cette opinion mitoyenne.

Le Merre (1) ne s'appuie que fur les autorités qu'on a déjà pleinement réfutées ; c'eft lui qui a trouvé les dîmes du Seigneur *Leodeboldus* ; il donne auffi comme une preuve, les différentes quotités auxquelles fe perçoivent toutes les dîmes ; mais c'eft une preuve ambitieufe qui ne prouve rien, à force de trop prouver. Les règles qui fixoient au dixième la quotité de la redevance que l'Eglife pouvoit exiger, ne furent pas uniformément fuivies ; elles ont fouffert des adouciffements, afin que les Prêtres euffent le mérite de la générofité, en fe relâchant de l'exacte rigueur. Il y a bien des fiécles que la quotité, & même l'efpèce des fruits décimables, ne font plus fous l'empire de la loi publique & folemnelle : ce font les ordonnances même qui l'ont réglé ainfi, & qui ont voulu que la poffeffion de chaque lieu, fût le tyran des dîmes. Au refte, Le Merre ne préfente fon fyftême que comme un tiffu de préfomptions & de conjectures.

____

(1) *Traité des dîmes*, tom. I. chap. 3.

Drappier (1) n'a fait que copier Le Merre; il eſt inutile de s'y arrêter.

La Combe ſe contente d'aſſurer, qu'il *eſt reconnu que les dîmes inféodées ne ſont pas toutes eccléſiaſtiques* (2), & cette aſſertion n'eſt pas contraire aux vérités qu'on a établies.

Subjugué par la lecture du livre de Fréminville, l'auteur eſtimable des *Principes du Droit Français ſuivant les maximes de Bretagne*, a écrit ſur l'origine des dîmes inféodées un aſſez long paſſage (3), où l'on retrouve les principales méprifes du Bailli de la Paliſſe.

Il convient d'abord de la préſomption légale de la nature eccléſiaſtique des dîmes inféodées; enſuite, il s'efforce d'en affoiblir les motifs, comme ſi les critiques des Jurisconſultes pouvoient détruire une préſomption adoptée par le légiſlateur.

S'il ne la trouve pas ſuffiſamment établie, c'eſt qu'il ſemble en ignorer les vrais fondements; il ne lui en trouve pas d'autre, que l'uſurpation des biens eccléſiaſtiques ſous

______

(1) *Recueil de déciſions ſur les dîmes*, tom. II, pag. 3. & ſuivantes.

(2) *Recueil de jurispr. can.* verbo *DIMES*, ſect. 14.

(3) *Tom. III, pag.* 176 *&* 177.

Charles Martel, & la fauffe opinion qui fai-ſoit la dîme de droit divin.

On a vû que le fait de Charles Martel eſt juſtement rejetté du nombre des preuves qui ſont communes à la Bretagne, & que l'ori-gine eccléſiaſtique des dîmes tenues en fief dans cette Province, n'en reſte pas moins dé-montrée.

On peut ſe rappeller que l'opinion qui fai-ſoit les dîmes de droit divin, a règné en France depuis le ſixième ſiécle, juſques bien avant dans le ſeizième : ſi donc elle peut ſervir de baſe à l'origine eccléſiaſtique des dîmes tenues en fief, cette origine eſt bien aſſurée.

L'auteur avance, que les dîmes foncières ſont antérieures aux dîmes eccléſiaſtiques; il regarde ce point comme *indubitable*, & nous croyons avoir démontré, que cette aſſertion appliquée à l'Armorique, & même à la plus grande partie des Gaules, n'a ni vérité, ni vraiſemblance.

Il convient, qu'*il y a eu pluſieurs dîmes ec-cléſiaſtiques uſurpées par les Seigneurs ;* mais « le » partage, dit-il, entre les décimateurs ecclé-» ſiaſtiques & laïcs, paroît annoncer *clairement,* » que loin d'avoir uſurpé les dîmes eccléſias-

» tiques, le plus grand nombre des Seigneurs
» les ont concédées de leur patrimoine ».

Ce foible argument tiré de Freminville (1)
eſt détruit, par les preuves qu'on a expoſées
de la véritable origine du partage entre les
deux décimateurs (2).

En dernière analyſe, les prémiſſes *claires &*
indubitables du raiſonnement de l'auteur, ne
produiſent, au ſoutien de l'origine profane qu'il
veut établir, qu'une concluſion modifiée par
un *vraiſemblablement*, par un *peut-être* ; & tout
ce qu'on peut en déduire, c'eſt qu'il a écrit
avant d'avoir ſuffiſamment approfondi la queſtion : cela n'eſt pas étonnant dans un ouvrage
qui embraſſe preſque toutes les parties de la
Jurisprudence Françaiſe.

On nous oppoſe auſſi un Jurisconſulte célèbre, qui ſemble avoir en ſa puiſſance tous
les tréſors de l'érudition ancienne & moderne,
& dont le génie étendu ſçait en faire un emploi toujours réglé par la ſageſſe ; c'eſt l'auteur du *Nouveau Traité des Portions congrues*.

*Il nous apprend que dans pluſieurs pays, les
dîmes ſont devenues d'une obligation générale,*

----

(1) Freminville, *Traité hiſtorique de l'origine & nature
des dîmes*, pag. 110.

(2) Voy. *ſuprà*, pag. 101 & ſuivantes.

beaucoup plus tard qu'en France ; il ne faut donc plus aujourd'hui, difent les adverfaires, *contefter que les dîmes eccléfiaftiques font d'un établiffement plus récent que celles des Seigneurs.*

Cette conféquence eft fi éloignée du principe, qu'il eft inutile de s'arrêter à examiner le fait, & ce qui pourroit en réfulter.

Mais, puifque les adverfaires invoquent le fuffrage de cet auteur, ce ne fera pas une chofe déplacée de faire connoître ce qu'il a penfé de ce Procès, dans une Confultation, imprimée en 1782.

Il a eftimé, *que le jugement prononcé à Rennes, le 25 Mars 1774, ne fçauroit fubfifter.*

» Perfonne, dit-il, n'eft exempt de dîmes ;
» certains fruits feulement en font affranchis
» par la coûtume & par l'ufage. La prefcrip-
» tion contre une dîme folite ne peut porter
» que fur la quotité, encore ne fçauroit-elle
» être acquife *par des particuliers ifolés*, ni
» *contre une quotité dont on paie une quote-*
» *part déterminée.* Ces règles font communes
» à la perception de la dîme inféodée & de
» la dîme eccléfiaftique. Dans les maximes
» générales de notre Droit, nous ne con-
» noiffons point d'autre efpèce de dîmes ; &
» lorfqu'on prétend qu'un droit appellé *dîme*,

» n'eſt qu'une ſimple preſtation foncière, il
» faut faire la preuve de cette aſſertion par
» des titres, par des reconnoiſſances, par une
» démonſtration complette. . . . . Si on alloit
» juſqu'à dire, que le décimateur inféodé ne
» doit, ni jouir des avantages, ni participer
» aux dettes du décimateur eccléſiaſtique,
» parce que telle dîme doit être préſumée
» originairement une preſtation purement fon-
» cière; ce ſeroit renverſer toute la légiſla-
» tion ſubſiſtante, ... & ruiner tous les
» eccléſiaſtiques qui poſſédent des dîmes in-
» féodées. . . . . . On ne paſſe point d'actes
» de reconnoiſſance des dîmes; il ne faudroit
» que conteſter leur droit pour l'anéantir.

» Un pareil plan de défenſe eſt proſcrit
» par la Juriſprudence & par la Loi. Dans
» l'état de notre Droit & de notre Législa-
» tion, toute dîme inféodée, (*c'eſt-à-dire,*
» *tenue en fief*), eſt regardée comme ecclé-
» ſiaſtique dans ſon origine; toute dîme in-
» féodée contribue aux charges des Egliſes,
» mais en même temps, par une ſuite de l'aſ-
» ſujettiſſement à cette dette, & pour la ſû-
» reté même de ſon acquit, elle eſt regardée
» comme impreſcriptible : la condamnation
» des décimables eſt aſſûrée, tant qu'ils n'au-

» ront que des conjectures & des raisonne-
» ments à opposer au fait adopté par la Loi.

» Ce sont des preuves qu'ils devroient pro-
» duire à l'appui de leurs prétentions, mais...
» ..... il n'en est pas une seule qui leur
» soit favorable; tandis qu'au contraire, une
» multitude de preuves viennent à l'appui de
» la défense de l'Abbaye de *Bonrepos*. . . . .
» Elle a en sa faveur, non-seulement les prin-
» cipes de Droit commun, mais même les
» titres particuliers les plus formels, &c. &c ».

Tel a été l'avis de Me. Camus, & cet avis
a été adopté par trois autres Canonistes célèbres (1).

Il est temps de rappeller les principaux faits
dont la certitude a été démontrée par des
témoignages si évidents & si nombreux, & de
recueillir comme le fruit des recherches précédentes.

Nulle preuve, nul vestige de cette ancienne
dîme domaniale, qui dut être levée autrefois
sur les peuples par les Souverains & par les
Grands, lorsque les Français s'emparèrent des
Gaules, & que les Bretons se fixèrent dans
l'Armorique. De tous les textes allégués pour

______

(1) MM. Laget Bardelin, Vulpian & Rat de Mondon.

en juftifier l'exiftence , il n'en eft pas un qui la rende feulement vraifemblable : la Bretagne connoît un champart mentionné dans nos Loix ; il ne reffemble à la dîme qu'en ce qu'il fe lève fur les fruits ; il eft à la *tierce*, à la *quarte*, à la *quinte* gerbe ; il n'a donc jamais pû fe confondre avec la dîme. Ce n'eft que dans des temps très-modernes, que vous trouvez en Bretagne quelques traces de dîmes véritablement féodales ; elles font rares, elles font nouvelles, aucune loi n'en a parlé.

Au contraire, les dîmes eccléfiaftiques font une antique inftitution, dont l'origine va fe perdre au berceau du Chriftianifme. La Bretagne eft le premier pays du monde où cette dîme ait été demandée par le corps des Evêques ; elle y étoit généralement payée fans oppofition, fans murmure, avec exactitude, au moins, vers le milieu du feptième fiécle. Au commencement du neuvième, elle y fut confirmée par les loix de Charlemagne & de Louis le Debonnaire , qui durant plus de quarante années ont eu les Bretons foumis à leur empire ; enfin, elle y fut établie comme une impofition générale fur toutes les terres, & non par la libéralité des prétendus propriétaires de dîmes profanes, & non par la com-

plaifance des poffeffeurs prétendus exempts
de ces dîmes imaginaires.

Auffi-tôt que les dîmes eccléfiaftiques ont
été établies par les loix des Princes, depuis
le huitième fiécle jufqu'au treizième & quatorzième, (temps des donations de dîmes faites
à l'Abbaye de *Bonrepos*, par les Vicomtes de
Rohan); ce genre de biens a été prodigué
aux laïcs, avec tous les autres revenus des
Eglifes, & depuis cette époque jufqu'à préfent les dîmes ont toujours continué à groffir
le patrimoine des familles. Les Rois & les
Princes ont donné les dîmes du Clergé à leurs
guerriers, à leurs courtifans, aux femmes
même ; les Evêques, les Abbés, les Chapitres,
les autres Prélats, ont fait de ces mêmes
dîmes la folde de leurs hommes de guerre,
& de leurs autres officiers ; ils les ont concédées à leurs parens, à leurs amis ; ils en
ont fait le prix de la bienveillance ou de la
protection de leurs défenfeurs, & quelquefois
de leurs tyrans ; ils les ont vendues ou inféodées, pour des caufes publiques ou pour
leurs befoins perfonnels ; les fondateurs ou
patrons fe font crû maîtres des dîmes de leurs
Eglifes, & ont agi en conféquence ; enfin,
elles font devenues fouvent des biens de fa-

mille, par la force, par la seule influence de l'autorité. Tous ces abus ont été univerfels, & il n'y a peut-être pas en Bretagne , une feule Paroiffe qui n'en ait reffenti pendant bien long - temps , les fuites plus ou moins fâcheufes.

Il s'eft fait fouvent des reftitutions de dîmes eccléfiaftiques aux mains des Evêques ; il s'en eft fait fans ceffe des donations, des ventes à des Chapitres & à des Monaftères , mais vous ne voyez point de retour à la principale deftination primitive : feulement les laïcs détenteurs des dîmes, les Moines ou les Chanoines , leurs acquéreurs ou leurs donataires, ont laiffé des portions de dîmes aux Curés qui ne pouvoient fubfifter de leur cafuel ; & voilà le principe certain de ces partages de dîmes par moitié, & fur-tout des deux tiers au tiers, fi fréquents entre les Curés & les poffeffeurs Religieux ou laïcs des dîmes inféodées. Il prouve la nature eccléfiaftique de ces dîmes, & ne prouve rien davantage.

De tous ces faits, dont on ne pourra plus obfcurcir la vérité , il fort avec éclat une préfomption bien preffante ; c'eft que toute dîme dont on ne connoît pas l'origine, doit être cenfée eccléfiaftique.

Cette préfomption, adoptée dans tous les temps par les plus fçavans Critiques, par les Jurisconfultes les plus célèbres, fe trouve encore fingulièrement fortifiée par les loix de l'Eglife & par celles de l'Etat. C'eft une préfomption de droit; elle fait partie de la légiflation qui nous gouverne.

TROISIÈME PROPOSITION.

*Les Loix eccléfiaftiques & civiles, & la Juris-
prudence des arrêts, préfument que toutes les
dîmes font eccléfiaftiques d'origine.*

Les loix concernant les dîmes tenues en
fief, regardent ou la reftitution qui doit,
fuivant les circonftances, en être faite à l'E-
glife ; ou l'état de ces dîmes foit, dans les
mains des laïcs, foit quand elles repaffent
dans celles du Clergé ; ou enfin, les charges
qu'elles doivent fupporter avant ou après le
retour à l'Eglife.

Sur tous ces points, les canons, les loix,
& prefque toujours la jurisprudence de tous
les lieux, de tous les pays, préfument &
préfuppofent l'origine eccléfiaftique. Entrons
dans quelques détails.

I.

*Loix & Jurisprudence fur la reftitution
des dîmes tenues en fief.*

Depuis le dixième fiécle, vous ne trouvez
que perpétuels efforts & décifions preffantes

des Conciles & des Papes, pour forcer les laïcs à rendre au Clergé son patrimoine. On ne s'attache plus comme auparavant, à défigner & à profcrire en particulier chacune des caufes qui ont produit l'interverfion ; mais il n'y a qu'un cri dans toute l'Eglife, pour fe plaindre & redemander les dîmes, de quelque manière qu'elles ayent paffé aux mains des féculiers.

Les Empereurs, les Rois, les autres Souverains de l'Europe, entendent ces doléances ; quelques-uns les écoutent favorablement, & prennent des mefures pour feconder les vœux de l'Eglife ; tous, du moins, reconnoiffent la fpoliation : elle eft encore trop récente, trop manifefte, trop bien gravée dans les efprits, pour qu'on ofe la contefter. On lifoit alors & Cicéron & Tite-Live, on connoiffoit les dîmes de Sicile, & les autres, qui, dans quelques pays, furent levées par les Romains ; & malgré le plus vif intérêt, on ne fongea pas à forger le fyftême fi commode des dîmes domaniales. Cette idée n'eft que du feizième fiécle, & poftérieure de huit cents ans aux premières loix de l'Eglife & de l'Etat, fur l'abus des dîmes du Clergé transférées aux laïcs.

Mais fi on reconnoît l'interverfion, les détenteurs ne cherchent qu'à la rendre perpé-
tuelle. Le mal eft trop invétéré, les befoins
des laïcs font trop impérieux : leur cupidité
l'emporte. Le temps, d'ailleurs, qui légitime
prefque tout aux foibles yeux de la juftice des
hommes; le temps, qui eft le plus ferme appui
des trônes & de toutes les propriétés de la
terre, devoit rendre refpectable la poffeffion
des laïcs. Enfin, parmi eux, quelques-uns
poffédoient les dîmes à jufte titre, par privilège du Pape, ou en vertu de contrats volontaires, confentis par le Clergé, pour des
caufes canoniques, & vérifiées par les forma-
lités d'ufage au temps des aliénations. Il eft
vrai qu'on n'a jamais fongé à rejetter les titres légitimes des dîmes inféodées, mais ces
titres pouvoient être perdus ou égarés.

Dans cet état, du commun confentement
des Souverains & des Pontifes, eft reçue
peu-à-peu dans toute l'Europe une opinion
des interprètes, qui fixe le terme des recherches au Concile de Latran de 1179, & qui
difpenfe de reftituer toutes les dîmes transportées aux laïcs avant cette grande époque.
Mais quelles font les preuves requifes pour
que l'inféodation foit jugée antérieure à 1179?

C'eſt la ſeule queſtion qui depuis long-temps ait diviſé les eſprits. Tous les tribunaux, tous les auteurs conviennent du principe, que l'inféodation antérieure au troiſième Concile de Latran doit être ſuffiſamment juſtifiée; il n'y a de difficultés que ſur la nature des preuves. Lorſqu'elles ſont jugées trop foibles, ou lorſque l'Egliſe qui demande la reſtitution, prouve que le principe de la détention laïcale eſt poſtérieur à l'année 1179 (1), alors la dîme eſt jugée eccléſiaſtique & rendue à l'Egliſe, comme ſon ancien patrimoine. Il eſt donc inconteſtable que la dîme tenue en fief eſt de droit préſumée eccléſiaſtique.

Cette légère eſquiſſe pourroit ſuffire; mais le tableau qui va ſuivre ſera ſans doute plus frappant, & pourra laiſſer des impreſſions

____

(1) L'auteur de l'article, *dîmes inféodées*, dans l'*Encyclopédie Méthod.* pag. 766, cite, d'après le *Dictionn. du Droit Normand*, un arrêt de 1778, qui a dû maintenir un laïc dans la poſſeſſion d'une dîme qui *paroiſſoit* inféodée depuis le troiſième Concile de Latran : mais, ſi vous conſultez le Dictionnaire cité, vous trouvez que le commencement de l'inféodation ne *paroiſſoit* pas, & que ſon ancienne exiſtence étoit juſtifiée par un titre de 1221; ainſi l'arrêt ne s'eſt point écarté de la règle, il a ſeulement jugé que des titres auſſi anciens faiſoient préſumer une poſſeſſion antérieure à l'année 1179.

plus

plus profondes : il semble néceffaire, pour diffiper le préjugé d'habiles auteurs, qui ont écrit que le Clergé ne s'eft plaint d'avoir été privé des dîmes qu'en 1179. L'ordre des temps indique encore celui que nous devons obferver.

Tout ce qui regarde les huitième, neuvième & dixième fiécles a été déja expliqué ; raffemblons les principaux témoignages des temps poftérieurs.

Onzième fiécle.

1049.

Concile de Rome, fous Léon IX, compofé des Evêques d'Italie & des Gaules. Le troifième canon défend aux laïcs de retenir la jouiffance des Eglifes ; & nous avons vû (*p.* 127), qu'en conféquence il fe fit, dans le Diocèfe de Nantes en 1050, des reftitutions de dîmes par les Seigneurs.

1056.

Concile de Toulouse. Le huitième canon défend aux laïcs de retenir les revenus des Abbayes, des Archidiaconés, des Prévôtés, des Cures, des Sacrifties, &c. à peine d'excommunication.

L

1059.

Concile de Rome. Il prononce la même peine contre les laïcs, s'ils ne veulent reſtituer les dîmes, les prémices & oblations, & en laiſſer la diſpoſition aux Evêques. *Can. V.*

1060.

Concile de Tours. On a ci-deſſus (p. 90) rapporté le canon VIII, qui défend aux laïcs de s'approprier déſormais les offrandes, les droits de ſépulture, & au moins de vendre ou afféager le tiers des dîmes qui devoit reſter aux Curés ou Deſſervants.

1063.

Concile de Rome. Il répéte la diſpoſition de celui de 1059.

1078.

Concile de Rome. Pareille diſpoſition. *Suprà*, p. 79 en note.

1080.

Concile de Lillebonne, en Normandie. Défenſe aux laïcs de rien prendre dans le tiers des dîmes ; on l'a rapporté ci-deſſus, *pag.* 102.

Vers la même époque, Guillaume le Conquérant donne des loix à l'Angleterre ; elles

font rédigées par une affemblée des plus nobles & des plus fages de la nation. Dans celles
qui furent publiées fous le nom d'Edouard,
il eft dit que, par une infpiration diabolique,
plufieurs fe font emparés des dîmes; que les
Prêtres, ayant d'ailleurs le néceffaire, fe
font mis peu en peine de les recouvrer; d'où
il eft arrivé qu'il n'y a plus qu'une Eglife là
où il en avoit exifté trois ou quatre; ordonné
que les détenteurs des dîmes feront contraints
à les rendre, par la juftice du Roi & par
celle de l'Evêque (1).

1095.

Le *Concile de Clermont*, préfidé par Urbain II,
défend à tous laïcs de retenir *davantage* les
autels ou Eglifes, c'eft-à-dire, principalement
les dîmes (2).

1096.

Concile de Rouen. Défenfe aux laïcs de prendre aucune part dans le tiers des dîmes; on
a déja cité ce décret, *pag.* 102.

____

(1) *Traités fur les Coûtumes Anglo-Normandes*, tom. I,
pag. 162.

(2) *Interdictum eft omnibus laïcis ne* amplius *altaria vel
Ecclefias* fibi retineant. Concile de Clermont, de l'an 1095,
can. 20.

1100.

Concile de Poitiers. Il est ordonné d'observer le Canon du Concile de Clermont, touchant les dîmes & les autels que les laïcs retiennent injustement, & contre les Saints Canons (1).

Douzième siécle.

1102.

Concile National d'Angleterre, tenu à Londres. Il est arrêté que les dîmes ne seront payées qu'aux Eglises seules, (*Can.* 14), ce qui étoit bien clairement défendre aux laïcs de retenir les dimes qu'ils possédoient.

1128.

Concile de Nîmes. Enjoint aux laïcs de remettre à l'Evêque les dîmes qu'ils ont usurpées. (*Can.* 3.)

1131.

Concile National de Rheims ; présidé par le

______

(1) *De decimis & altaribus quæ laïci injustè & contra sacros canones detinent, & quidquid de cæteris Ecclesiasticis utilitatibus domnus Urbanus Papa II. in Claromontensi Concilio constituit. . . . . . . tenenda præcipimus,* can. 16.

Pape Innocent II. Le Canon 7 prononce anathême contre les laïcs qui poffédent les Eglifes, & ne les rendent pas aux Evêques (1). Rappellons-nous toujours que dans le ftyle du moyen âge, les Eglifes fignifient les revenus des Paroiffes, & particulièrement les dîmes.

1139.

Même difpofition dans le fecond Concile général de Latran, auquel mille Evêques asfiftoient (2). De quelque part que les dîmes ayent été données aux laïcs, par les Rois, par les Evêques, ou autrement, ordonné de les rendre aux Eglifes. (*Can.* 10).

1148.

Concile de Rheims, tenu par le Pape Eugène III, & par les Evêques de France, d'Allemagne, d'Efpagne & d'Angleterre. On répéte le Canon dixième du Concile de Latran de 1139.

---

(1) *Præcipimus ut laïci qui Ecclefias tenent, aut eas Epifcopis reftituant, aut excommunicationi fubjaceant,* can. 7.

(2) Ce font les termes du Concile de Rome de 1078, déjà cité *page 162.*

1172.

Concile d'Avranches. Il permet à ceux qui possédent des dîmes par droit héréditaire, d'en donner la jouiffance, pourvû que ce foit à un eccléfiaftique, & qu'enfuite elles retournent à l'Eglife dont elles dépendent. *Can.* 9. C'eft clairement ordonner la reftitution des dîmes.

1179.

Concile Général, troifième de Latran, préfidé par Alexandre III. Le Canon 14 défend aux laïcs d'aliéner les dîmes à d'autres laïcs, & enjoint à ceux qui les recevroient, de les reftituer à l'Eglife, fous peine d'anathême : *Prohibemus ne laïci decimas* (1) *cum animarum fua-*

---

(1) Pithou a remarqué qu'après ces mots, *prohibemus ne decimas,* il y a, fuivant un ancien manufcrit, *non infeudatas* ; leçon qui eût autorifé les laïcs non-feulement à retenir pour le paffé les dîmes tenues en fief, mais auffi à fe les approprier à l'avenir, par la voie de l'inféodation. Rien ne feroit plus contraire à l'efprit du Concile, aux décifions antérieures & à celles qui ont fuivi. Un feul manufcrit, tiré on ne fçait d'où, ne fçauroit l'emporter fur tous les manufcrits & fur toutes les éditions connues, où ne fe trouvent point les mots, *non infeudatas* : ils ne font évidemment qu'une mauvaife glofe inférée dans le texte, pour l'accommoder, affez mal adroitement, à cette

rum periculo detinentes , in alios laïcos poffint
aliquo modo transferre ; fi quis verò receperit &
Ecclefiæ non reddiderit , chriftianâ fepulturâ pri-
vetur. C'eft le chap. 9. Ẍ *de decimis.*

Vous ne voyez là rien qui s'éloigne des
difpofitions précédentes. Le Concile prononce
fans détour, que les laïcs ne peuvent retenir
les dîmes ; il ne permet point de garder les
anciennes, pourvû qu'on n'en prenne pas de
nouvelles ; il n'y a pas un mot qui faffe naître
cette idée : auffi ne paroît-il nullement qu'A-
lexandre III l'ait jamais eue dans l'efprit. On
peut voir dans les Collections des Conciles,
fa lettre à l'Evêque d'Upfal, où il preffe fortement ce Prélat d'obliger les laïcs de fon
Diocèfe à reftituer les dîmes.

Urbain III, fon fucceffeur, fut auffi dans
les mêmes fentimens ; il écrivit à l'Empereur
Fréderic premier, pour tâcher d'effectuer cette
reftitution en Allemagne. L'Empereur affembla
les Evêques & les Princes à Gelnhaufen. « Le
» Pape, leur dit-il , repréfente qu'il eft in-
» jufte que les laïcs poffédent des dîmes ;
» qu'elles font pour ceux qui fervent aux

---

interprétation ufuelle, qui , dans le treizième fiécle, dif-
penfa les laïcs de rendre aux Eglifes les dîmes par eux
acquifes avant 1179.

» autels ; il prétend uſer de ſon autorité pour
» corriger ce déſordre : *Nous ſçavons*, ajouta
» l'Empereur , *que les dîmes & les offrandes*
» *furent primitivement inſtituées pour le Clergé ;*
» *mais les Egliſes ont concédé les dîmes aux*
» *Grands & aux Nobles*, pour en être proté-
» gées contre les irruptions des barbares ;
» cette révolution eſt déjà ancienne, & c'eſt
» aſſez pour la faire maintenir ». En conſé-
quence, on écrivit au Pape, afin de l'engager
à ſe déſiſter de ſon entrepriſe (1). Urbain III
mourut l'année ſuivante.

Mais veut-on ſçavoir comment le Concile
de Latran fut entendu en France ? Que l'on
conſulte les ſtatuts ſynodaux d'Eudes de Sully,
Evêque de Paris , publiés quelques années
après ce Concile ; il y eſt recommandé en général , d'avertir ſouvent les laïcs de ne pas
retenir les dîmes ; qu'il y va du ſalut de leurs
ames (2) : mêmes déciſions dans beaucoup de
Conciles poſtérieurs (3).

---

(1) *Arnoldus Lubecenſis* , lib. 3 , cap. 18. *Voy.* les Annales de Baronius, *ad annum* 1186.

(2) *Synodicon Pariſienſe*, Pariſiis , 1777 , pag. 10.

(3) On va citer les principaux : Concile de Bordeaux ,
en 1255, can. 13 , 14 , 15 ; de Cognac, en 1260, can. 18 ;
de Poitiers, 1284, can. 4 ; de Marciac, en 1326, can. 28
& 32.

Il eſt vrai qu'en 1199, Innocent III écrivit à l'Evêque de Verceil, que, ſous pretexte d'un ancien droit de dîme concédé en fief, on ne devoit pas s'attribuer les novales : il n'en a pas fallu davantage pour conclure que ce Pape avoit autoriſé les anciennes inféodations (1).

Grégoire IX, dans une décrétale de 1228, qui défend aux eccléſiaſtiques de recevoir, même par *engage*, d'avec un laïc, la dîme d'une autre Egliſe (2), prouva bien qu'il ne penſoit pas que le Concile de Latran eût dis-

―――――――――――――――――

(1) *Cap.* 25, ⚹ *de decimis.* On cite encore à ce ſujet le chap. 7, ⚹ *de his qua fiunt à Pral. ſine conſ. capituli*, comme ayant décidé que le texte du Concile de Latran III, qui défend aux Religieux de recevoir les dîmes des mains des laïcs ſans le conſentement des Evêques, ne s'applique point aux dîmes inféodées ; mais c'eſt une interpolation due probablement à l'auteur de la troiſième compilation des Décrétales. Baluze en a fait la remarque dans ſon édition des Epîtres d'Innocent III, *lib.* 1. *Ep.* 313. Alexandre IV, trompé par l'interpolation du texte d'Innocent III, reconnut formellement en 1258, (cap. 2. §. 3, *de decimis*, de *in 6*) que les laïcs pouvoient donner librement aux moines les dîmes inféodées avant le troiſième Concile de Latran ; & cette déciſion a contribué à faire prendre pour terme des recherches & reſtitutions de ces dîmes, l'année 1179.

(2) Cap. 35, ⚹ *de decimis.*

penfé de la reftitution ; il croyoit toujours qu'elle devoit être faite à chaque Paroiffe qui en jouiffoit auparavant.

Le Roi Saint-Louis l'entendoit ainfi, lui qui ordonna par fes lettres de 1228, pour la Province de Languedoc, de reftituer les dîmes dont l'Eglife avoit été long-temps privée, par la malice des habitants, avec défenfe aux laïcs de les retenir à l'avenir, & d'en ôter la jouiffance aux Eglifes (1).

Enfin, les interprètes imaginèrent que le Concile de Latran avoit difpenfé les laïcs de reftituer les dîmes dont l'inféodation feroit antérieure à ce Concile. Cette invention fut généralement accueillie par les détenteurs des dîmes eccléfiaftiques ; & comme il reftoit l'embarras de faire une preuve antérieure à l'année 1179, on imagina encore la maxime que la poffeffion immémoriale de la dîme fait préfumer une inféodation plus ancienne que le Concile. C'eft fur le feul fondement de cette ancienne poffeffion, & de cette préfomption d'un titre légitime, au moins d'une inféodation antérieure à l'an 1179, que les dîmes inféo-

____

(1) Ordonnances de la troifième race, par De Lauriere, *tom. I, pag.* 52.

dées ont été confervées aux laïcs dans toute l'Europe : en cette matière la fimple prefcription n'a point lieu, il faut une *poffeffion immémoriale*, qui faffe préfumer un titre légitime (1).

L'incendie de la Chambre des Comptes de Paris, où fe trouvoient raffemblés prefque tous les titres du royaume, acheva d'accréditer l'opinion qui jugeoit cette poffeffion fuffifante. Mais une poffeffion de cent années équivaut-elle à une poffeffion immémoriale? Quelques-uns l'ont crû ainfi ; d'autres penfoient différemment (2). D'un autre côté, la preuve de la poffeffion doit-elle être faite par des aveux & dénombrements, & autres actes féodaux ? Ou font-ils fuppléés par des titres poffeffoires quelconques ? Ces queftions ont agité long-temps les efprits & caufé une multitude de procès diverfement jugés dans les

---

(1) *Quotiefcunque laïcus fuo jure decimas vindicat, non rectè præfcriptionem allegat ; fed omninò titulo agendum eft, qui quia rarò probari poffet, nitendum eft præfcriptione immemoriali. . . . . . titulum temporis lapfus inducit præfumptivè. . . . hac foro receptiffima via ; fic patroni confulunt, fic judicantes ftatuunt. . . . . D'Argentré*, fur l'art. 266. de notre Coût. *cap.* 22. *n.* 8.

(2) Voy. *Obfervations fur la Coûtume de Bourgogne, par* M. le Préfident Bouhier, *chap.* 48, *n.* 22.

tribunaux. Elles femblèrent un moment terminées, au moyen de l'Edit du mois de Juillet 1708, par lequel tous les laïcs poffeffeurs de dîmes, qui en ont joui par eux ou par leurs auteurs pendant cent ans, à quelque titre que ce foit, y étoient confirmés, à la condition de payer au Roi deux années du revenu. Mais cet Edit burfal n'a pas eu d'exécution, même dans fes difpofitions burfales; le droit de confirmation n'a point été payé (1). Il a donc fallu rentrer dans les anciennes controverfes. Au Parlement de Paris, il y a eu comme auparavant à ce fujet, des arrêts contraires (2). On ne voit pas que la queftion fe foit préfentée en Bretagne. Dans cette Province, aucun Curé ne paroît avoir inquiété les décimateurs laïcs fur les titres de leur poffeffion. Le rédacteur des principes de notre jurifprudence a enfeigné d'abord, que la poffeffion centenaire étoit *fuffifante*, & *favora-*

---

(1) *Voy.* De Jouy, *Confér. des Ordonn. fur les matières eccles.* pag. 419, *Principes concernant les dîmes*, pag. 42, *Nouvelle Encyclopédie Méth.* art. DIME, pag. 764, col. 2.

(2) Voy. *Répertoire de Jurifprudence*, tom. VI, in-4o. pag. 39 & 40. *Nouvelle Encyclopédie méthodique*, art. DIMES, pag. 765 & 766.

ble fur-tout en Bretagne (1) : enfuite il a été plus loin ; il a dit, que la poffeffion de quarante ans devoit faire préfumer une poffeffion centenaire (2). Voilà comment on a entaffé fictions fur fictions, préfomptions fur préfomptions, pour autorifer les laïcs à retenir le patrimoine des Eglifes.

A la bonne heure, qu'une détention fi ancienne couvre les vices de l'acquifition primitive ; mais il faut convenir que tout l'échaffaudage par lequel on en eft venu là, nous rappelle que les dîmes des laïcs font originairement eccléfiaftiques. Il n'y a pas une des piéces dont il eft compofé, qui n'attefte hautement cette origine, & qui ne contribue à en établir la préfomption légale.

I I.

Loix & Jurifprudence fur l'état des dîmes tenues en fief, foit dans les mains des laïcs, foit lorfqu'elles reviennent dans celles du Clergé.

Le Concile de Latran, ou plûtôt l'interprétation bénévole donnée à ce Concile, avoit

---

(1) *Principes du Droit Français fuivant les maximes de Bretagne*, tom. III, pag. 179.

(2) *Ibidem*, tom. VI, pag. 315.

autorifé les féculiers (1) à continuer la jouiffance des dîmes, mais à une condition qui
auroit confervé la mémoire de l'inftitution
primitive & opéré peu-à-peu la reftitution
entière; c'eft qu'ils ne pouvoient les aliéner,
qu'au profit des eccléfiaftiques. Il fallut, pour
fe fouftraire à une loi qui fembloit trop dure,
folliciter une permiffion fpéciale de la Cour
de Rome. Philippe le Bel obtint un bref dé-

____

(1) *Avoit autorifé les féculiers.* Cette expreffion & quelques autres femblables ne doivent pas nous faire foupçonner
d'ignorer ou de méconnoître le droit exclufif qui appartient
à la puiffance civile, de prononcer fur les chofes tempo-
relles, comme font les dîmes : nous parlons fuivant la vérité des faits; c'eft affez dans une queftion d'hiftoire. Malgré la doctrine de Saint-Thomas & de tant d'autres Théologiens, les Jurisconfultes regardèrent long-temps les dîmes
comme une chofe fpirituelle, & du feul reffort de la puiffance eccléfiaftique. Du Moulin eut encore, dans le feizième fiécle, cette erreur à combattre; & c'eft lui qui le
premier, en France, paroît avoir ofé dire, que le Concile
de Latran n'avoit aucun pouvoir de ftatuer fur les dîmes
inféodées. La raifon qu'il en donne, prouve combien il
tenoit lui-même au préjugé commun fur la nature fpirituelle
des dîmes : C'eft, dit-il, que par l'inféodation, les dîmes
ont perdu leur nature eccléfiaftique, font devenues profanes & foumifes à la jurisdiction temporelle. On croyoit
encore de fon temps, & on l'a cru long-temps depuis,
fuivant les ordonnances de 1290, 1302, 1303, 1313 &
1420, que les dîmes *non féodales,* autrement *eccléfiaftiques,*
font de la compétence exclufive des Officialités.

rogatoire à la diſpoſition du Concile de Latran (1); & ce fut par un *privilège* du Pape,
ſpécialement accordé aux Français, que les
laïcs purent librement aliéner les dîmes dont
ils avoient la détention. Par ce privilège, elles
parurent devenir des biens preſque abſolument

---

(1) *Audivi à multis, quod Chriſtianiſſimus Rex noſter
habet privilegium à ſummo Pontifice, quod decima infeudata ante Lateranenſe Concilium poſſunt vendi etiam laïco,
& quod* VIDERUNT *illud privilegium in Camerâ Compu-
torum Pariſiis . . . . & iſtud privilegium fuit conceſſum
Philippo quarto, regi Francorum.* On peut en croire ce
témoignage du docte Avocat, du célèbre premier Préſident de Chaſſeneuz, dans ſon *Comment. ſur la Coût. de
Bourgogne*, tit. 1, §. 6, n. 35. Rebuffe atteſte la même
choſe, *Tract. de decimis, queſt.* 10. *n.* 39. Que M. le
Préſident de Chaſſeneuz ait appellé *Philippine*, l'Ordonnance
du Roi confirmative de ce bref du Pape; & qu'il y ait
une autre Ordonnance de Philippe III, appellée auſſi *Philippine*, & qui ſuppoſe que le Concile de Latran n'étoit
pas obſervé en France dès avant Philippe IV; ce n'eſt pas
une raiſon de rejetter un fait ſi bien atteſté, il eſt adopté
par D'Argentré & par les auteurs qu'il cite ſur l'art. 266,
cap. 22, n. 14 : D'Argentré dit avec raiſon, que ce n'é-
toit pas proprement un *privilège*, mais il convient de la
vérité du fait, qu'on trouve répété par Louet, *lettre* D.
ſomm. 60, par La Lande, Commentateur de la Coûtume
d'Orléans, dans ſon explication du chap. 19, ※ *de decimis*, par Drapier, en ſon *Recueil de déciſions ſur les
dîmes*, tom. II, pag. 31, & Routier, *Pratique Bénéf.*
pag. 18, &c. &c.

profanes, & les Ordonnances de 1290, 1302, 1303, 1313 & 1420, en attribuèrent la connoissance aux juges séculiers, tandis que les dîmes ecclésiastiques restèrent long-temps encore de la compétence exclusive des juges d'Eglise (1).

L'art. 74 des *Libertés de l'Eglise Gallicane*, rédigées par le docte Pithou, & publiées en vertu d'arrêt du Parlement de Paris du 3 Septembre 1594, après avoir été examinées au parquet des gens du Roi, reconnoît ce *privilège*, & le rapporte à son véritable principe, à *une licence ou abus toléré pour aucunes considérations*. Une érudition superficielle a fait critiquer cet énoncé, mais une étude plus profonde en découvre la justesse.

La présomption de l'origine ecclésiastique des dîmes n'est pas moins éclatante, dans les loix faites jusqu'à-présent pour favoriser le retour à l'Eglise.

Un grand obstacle à ce retour étoit le lien féodal auquel elles se trouvoient pour la plûpart assujetties. Elles ne pouvoient retourner à leur ancienne nature, sans diminution ou abré-

____

(1) Voy. *Recueil des Ordonnances*, par de Lauriere, *tom. I*, *pag.* 319, 342, 404, 533. Fontanon, *tom. IV*, *pag.* 508.

ment

gement de fief ; c'eft pourquoi il falloit le confentement des Seigneurs de qui les dîmes
étoient devenues mouvantes, foit en proche,
foit en arrière fief. Pour l'obtenir, on devoit
payer à chacun d'eux une indemnité ou amortiffement. Le Duc de Bretagne, le Prince de
Bearn (1), & le Roi Saint-Louis donnèrent
ce confentement dans leurs états ; mais leurs
volontés demeurèrent fans effet ou prefque
fans effet, par l'influence des Seigneurs & par
celle des Financiers.

Un des articles, qui furent arrêtés par le
Pape Alexandre IV, en l'an 1256, entre le
Duc de Bretagne Jean I & le Clergé de ce
pays, étoit que les dîmes poffédées par les
laïcs, *pourroient librement & de leur confentement,
être quittées & réfignées aux gens & perfonnes
eccléfiaftiques, pour reprendre leur première nature & condition, fans nouvel confentement du
Duc, ni des Barons, ni autre reconnoiffance de
tenir de lui lefdites dîmes.* Ainfi s'exprime D'Argentré dans fon *Hiftoire de Bretagne*, liv. 4,
ch. 24 : & les éditeurs des *Œuvres de M.
d'Agueffeau* ont obfervé, que les termes latins

______

(1) *Hiftoire de Béarn*, par M. De Marca, *liv. 6,
chap. 20, n. 3.*

M

du ferment du Duc, femblent emporter une obligation entière de faire rendre toutes les dîmes à l'Eglife (1). Ni la nobleffe ni le tiers-état ne voulurent garder les articles convenus entre le Duc & le Clergé, comme le remarque encore D'Argentré; mais ces articles prouvent bien ce qu'on penfoit alors de l'origine des dîmes tenues en fief. Ni la nobleffe ni le tiers-état ne conteftoient cette origine; feulement ils ne vouloient pas rendre ce que quelques-uns poffédoient affez légitimement; ils ne vouloient pas que les reftitutions faites par autrui, leur portaffent préjudice, fiffent abrégement de fief.

Par une première ordonnance du Roi Saint-Louis, de l'an 1257, il eft reconnu que les dîmes des laïcs qui retournent à l'Eglife, reprennent leur première qualité, font pures eccléfiaftiques, & poffédées fans amortiffement, *amittunt nomen & qualitatem infeudationis* (2). On trouve dans le régiftre *olim*, une dé-

---

(1) *Œuvres de M. D'Agueffeau*, tom. II, pag. 573.

(2) Louet, *lettre* D. *fommaire* 60, pag. 602. *Notandum eft*, dit Du Moulin, fur l'art. 46 de la Coûtume de Paris, n. 21, *quod Ludovicus IX, Francorum Rex, ftatuit quod decima ad Ecclefiam reverfa, ex tunc cenferentur res merè Ecclefiaftica, tanquam ad originem & primitivum ftatum fuum reverfa.*

cifion de Saint-Louis de l'an 1267, qui, toujours fur la préfomption d'origine eccléfiaftique, exclut le retrait lignager, dans le cas d'une dîme inféodée vendue à l'Eglife (1) : beaucoup d'autres arrêts du Parlement de Paris l'ont ainfi jugé. Tous les auteurs ont tenu long-temps cette doctrine ; Loifel en fit une règle de droit ; L'Hommeau l'inféra dans fes *Maximes du Droit Français*, & Pithou dans l'art. 74 des *Libertés de l'Eglife Gallicane*. Enfin, elle a été reftreinte, & prefque anéantie par les inventions des Jurifconfultes. En Bretagne, elle ne paroît pas avoir été admife ; c'eft une conféquence de ce qu'on a dit fur le traité de 1256.

Saint-Louis donna encore une preuve de fon zèle pour le retour des dîmes à leur deftination primitive. Par fon ordonnance de 1269 il permit aux laïcs, tant pour lui que pour fes fucceffeurs, d'en faire le tranfport aux Eglifes, fans qu'il fût befoin d'obtenir le confentement du Roi. Cette loi fut renouvellée par des lettres de Philippe de Bel de 1294, en faveur du Chapitre de Bayeux (2). Si ces

-----

(1) *Œuvres de D'Agueffeau*, tom. II, pag. 574.

(2) *Recueil des Ordonnances*, par De Lauriere, *tom. I*, pag. 325.

deux ordonnances étoient observées, il seroit indubitable que toutes acquisitions de dîmes faites par les Eglises, seroient exemptes du droit d'amortissement.

Mais l'esprit fiscal fit peu-à-peu oublier les principes ; il fit tomber ces loix en désuétude, & les considéra comme des amortissements sans finances, & pour cela seul contraires aux maximes du royaume. Cependant on en retrouve encore des vestiges dans les arrêts du Conseil du 13 Avril 1751, & du 29 Janvier 1776, qui, au grand regret des suppôts de la ferme, ont maintenu l'exemption des droits d'amortissement, & de nouvel acquêt, du moins pour toute cession de dîme, par concordats passés entre les décimateurs & les Curés (1).

Une fois revenues dans la main des ecclésiastiques, les dîmes, suivant l'Ordonnance de 1257, & suivant l'esprit manifeste des Ordonnances de 1269 & de 1294, devoient reprendre leur qualité primitive & rester déchargées de la féodalité. Toute chose retourne facilement à sa première nature ; une féodalité acquise par un abus, doit cesser en même temps que le désordre qui la fit naître. Il y a eu pourtant

______

(1) *Dictionnaire des Domaines*, seconde édition, art. DIMES.

sur cet objet diversité d'opinions (1). Du Moulin a distingué si la dîme est transportée à l'Eglise, avec ou sans charge de fief. Au premier cas, il a crû que la féodalité est effacée ; au second, il a pensé qu'elle continue de subsister ; & tel est l'empire de ce grand homme sur les esprits, que cette interprétation qu'il seroit inutile d'expliquer ici, interprétation chicanière, comme dit d'Argentré, & qui détruit la loi, en feignant de la respecter, a été enfin adoptée par tous les auteurs, est suivie, hors la Bretagne, en tous les tribunaux de la France (2).

---

(1) *Voy.* le Tableau de ces opinions, dans la dix-septième *Consult.* d'Hévin.

(2) *Voy.* Louet, *lettre* D. *somm.* 60. Il rapporte deux arrêts de 1539 & 1557, conformes à cette opinion. Brodeau, *ibidem*, qui cite plusieurs arrêts conformes, antérieurs & postérieurs. Duaren, *in Consuetud. feudorum*, tit. 5. Chopin, *de Domanio*, lib. 3, tit. 23, n. 8. Fevret, *de l'Abus*, liv. 6, chap. 2, n. 3. Du Perray, *Traité des Portions congrues*, tom. I, *pag.* 339 & *suiv.* La Lande, *ad capp.* 17 & 19, ※ *De decimis. Journal des audiences*, tom. II, liv. 4, chap. 58, tom. IV, liv. 7, chap. 18. Pocquet de Livonnière, *Traité des Fiefs*, pag. 20, 419, & Arrêts célèbres, chap. 11. Boucheul sur Poitou, art. 105, n. 21. Du Plessis, tom II, *Consult.* 35. Le Grand, sur Troies, *art.* 148, *gl.* 3, *n.* 50 & 51. Guiot, *Traité des Fiefs*, tom. IV, pag. 417. Drapier, *Décisions sur les*

Dans notre Province, on a été plus franchement au but. Ayant rejetté le traité de 1256 entre le Duc & le Clergé, on a toujours tenu pour maxime, que la dîme inféodée retournée à l'Eglise reste, dans tous les cas, assujettie à la féodalité, comme elle l'étoit devenue par le transport fait au laïc. D'Argentré s'en étonnoit avec raison, mais D'Argentré l'attestoit il y a deux cents ans (1), comme un fait certain & une pratique constante. Ce n'est pas le seul point de jurispru-

---

dîmes, pag. 35. *Observations sur la Coûtume de Bourg.* par M. le Président Bouhier, *tom. I, pag.* 830. Van-Espen, *Juris eccles. univ.* Part. II, sect. 4, tit. 2, cap. 4, n. 42. La Combe, dans son *Recueil de Jurisp. can.* sect. 15, quest. 4, & dans ses notes sur Despeisses, *tom. III, pag.* 527. De Jouy, *Principes sur les dîmes*, chap. 2, n. 27 & 29. Routier, *Pratique bénéf.* pag. 33. & 138. Le nouveau *Traité des Portions congrues*, par M. Camus, *tom. I, pag.* 573 *& suiv.* Il faudroit nommer presque tous les auteurs, pour épuiser la liste de ceux qui ont embrassé l'avis de Du Moulin.

(1) *Quod magis mireris, semel tali initio alienata & in commercia deducta, etiam si quo casu decima ad Ecclesias redierint, naturam non mutant, & in feudo & prioris dominii conditione manent, nec à lege feudi laïci eximuntur, contra canonistarum omnium sensu, & Concilii decreta; & quod extare Ludovici IX Regis constitutio dicitur, alium sensum habet, sicuti Molinæus diluit, & si interpretatione, ut verum dicere liceat, forensi & litigatrice.* Argentræus, ad art. 266, cap. 22. n. 12.

dence que le motif d'intérêt ait déterminé contre l'analogie des principes. Cependant Hévin, frappé de l'inconséquence, hésitoit sur cette question (1). Un arrêt de 1690, paroît l'avoir préjugée suivant l'usage enseigné par D'Argentré. Poullain Du Parc a voulu appuyer de raisons cette pratique, qu'il ne falloit justifier que par des faits. Il a dit, qu'elle est une *conséquence nécessaire* des principes. Ces principes qu'il invoque, sont reçus dans presque tout le royaume ; & dans tout le royaume, hors la Bretagne, cette prétendue conséquence est rejettée ou modifiée, & la distinction de Du Moulin a triomphé.

Mais en même temps que le rédacteur de nos principes cherche à justifier la pratique Bretonne, il reconnoît la présomption d'origine ecclésiastique. » Par une conséquence *nécessaire*, » dit-il, la dîme inféodée retournée à *l'E-* » *glise*, *à laquelle on présume qu'elle appartenoit* » *originairement*, conserve tout le caractère » d'un bien profane ; elle est sujette à l'hom- » mage, à l'aveu (2), *au retrait lignager &* » *féodal*, &c.

Ainsi la jurisprudence, lors même qu'elle

---

(1) Hevin, *Consult. dix-septième.*
(2) *Principes du Droit Français*, tom. III, pag. 181.

fe fraie une route extraordinaire, n'en rend pas moins hommage à la préfomption légale, qui va être encore de plus en plus démontrée par les exemples fuivants.

I I I.

Loix & Jurifprudence, fur la contribution des dîmes tenues en fief, aux charges des dîmes eccléfiaftiques.

C'EST un principe général, que les charges réelles fuivent la chofe à laquelle elles font attachées ; les laïcs poffeffeurs des dîmes devoient donc en fupporter les charges : un privilégié qui dépouille l'Eglife d'une partie de fon patrimoine, n'eft pas plus favorable que ne feroit l'Eglife même. Auffi, dans plufieurs pays de l'Europe, les dîmes des laïcs font affujetties à toutes les charges décimales, concurremment avec les dîmes eccléfiaftiques. Le Parlement de Bretagne le jugeoit de même, en 1608 (1). Si, dans toute la France, la faveur l'a emporté fur la rigueur des règles, du moins les poffeffeurs des dîmes in-

____

(1) Belordeau, *Controverfes, liv. 3, Cont. 81, liv. 5, Controv.* 100 & 102.

féodées font tenus fubfidiairement de la Portion - congrue des Curés & Vicaires. Avant l'arrêt célèbre du Parlement de Paris, du 4 Avril 1662, qui femble avoir fixé la jurifprudence, la même Cour avoit déjà rendu quatorze arrêts, pour faire contribuer les décimateurs inféodés, en cas d'infuffifance de la dîme eccléfiaftique (1). Ils furent confirmés ces arrêts, par la déclaration du Roi du 29 Janvier 1686, quoique le fyftème des dîmes domaniales fût déjà inventé depuis plus de cent ans.

De même, l'Edit du mois d'Avril 1695, *art. 21.* a foumis les poffeffeurs de dîmes inféodées, fubfidiairement, tant aux réparations du chœur des Eglifes Paroiffiales, qu'à la fourniture des livres & ornements néceffaires au culte divin.

Malgré les efforts de certains auteurs pour faire croire à l'origine profane des dîmes tenues en fief, la règle a été maintenue, & leurs fauffes conjectures ont été de nouveau rejettées par l'Edit du mois de Mai

____

(1) *Voyez* ces arrêts avec celui du 4 Avril 1662, dans le *Journal des Audiences*, & dans les *Mémoires du Clergé*, tom. III , pag. 59, jufqu'à la page 116.

1768, concernant les Portions-congrues, *art.* 6.

Ces loix rédigées avec tant de soin, d'après de longues méditations, de sçavantes recherches, n'ont fait que suivre ou modifier l'usage ; l'ancien usage qui les a produites est un argument infaillible de l'origine eccléfiastique des dîmes inféodées (1). Ces loix établissent parfaitement la préfomption légale de cette même origine ; & quand on y joint la préfomption qui réfulte des preuves historiques, si complettement développées sur la feconde Propofition, le fyftême des adverfaires fur la nature des dîmes tenues en fief, est détruit dans toutes fes parties : il peut encore paroître une hypothèfe ingénieufe, propre à fatisfaire pendant quelques inftants les efprits fuperficiels; mais il ne pourra déformais féduire ceux qui fçavent difcerner l'hiftoire de la fable, & préférer à de vaines imaginations, l'impofante autorité des canons & des loix publiés depuis dix fiécles, dans tous les pays de l'Europe.

----

(1) C'eft la remarque de Du Pleffis, *Confult.* 25. de Perard Caftel, *tom. II, pag.* 481 & 482. de M. le Préfident Bouhier, *loco cit.* pag. 827. de Durand de la Maillane, fur l'art. 74 des *Libertés*, tom. II, pag. 708.

QUATRIÈME PROPOSITION.

Le Gouvernement perpétuel des dîmes de Bon-repos, *justifié par titres depuis plus de quatre siécles, caractérise des dîmes originairement ecclésiastiques.*

QUAND la préfomption est autorisée par la loi, elle est confidérée comme la vérité, jufqu'à ce qu'elle ne foit détruite par des arguments invincibles (1).

Si donc il étoit néceffaire d'examiner l'origine des dîmes de *Bonrepos*, la feule queftion foumife au difcernement des Magiftrats, feroit de fçavoir, fi la préfomption légale d'origine eccléfiaftique eft, dans notre efpèce, détruite par des preuves complettes; autrement, fi les adverfaires ont démontré par titres, que les dîmes de *Bonrepos* foient, dans le principe, de fimples redevances foncières.

C'étoit pour eux une tâche indifpenfable, mais impoffible à remplir; ils n'ont pas même ofé l'entreprendre. Tout fe réduit, de leur part, à de frivoles inductions tirées de quelques titres dont ils abufent, & à ce raifonnement démenti par l'hiftoire & rejetté par la loi :

____

(1) *Œuvres de M. D'Aguessau*, tom. II. pag. 539.

Les dîmes ont été données par des laïcs, par
par les Vicomtes de Rohan; donc elles font
domaniales.

Au contraire, l'Abbaye qui n'eſt point tenue à rapporter des preuves, en raſſemble
une multitude fondées ſur des titres authentiques & bien ſuivis depuis quatre ſiécles;
d'où il réſulte que ſes dîmes ſont vraiment
d'origine eccléſiaſtique.

Elles ont toujours porté le nom de *dîmes*,
ſans qu'on les trouve jamais déſignées par les
expreſſions qui ne conviennent qu'aux redevances foncières.

Les Seigneurs de Rohan, pour en diſpoſer
au profit des Religieux, ont eu le conſentement de l'Evêque Diocéſain.

Elles forment un ſeul tout avec la dîme
des Recteurs, & ſe lèvent même auparavant.

Elles ſont univerſelles, ſoit en chaque Paroiſſe ou Trève, ſoit en chaque cours de dîmes;
il n'y a d'exemption, ni pour les terres, ni
pour les perſonnes : ainſi reconnu, ainſi jugé
cent fois, reconnu par les auteurs même des
tenanciers, jugé contr'eux dans tous les Tribunaux, à Corlay, à Pontivy, à Ploermel,
au Préſidial de Rennes, à celui de Vannes
& au Parlement.

Elles font dûes de droit, & les redevables n'en paffent point d'actes recognitoires.

Elles font, en chaque Paroiffe ou dîmerie, uniformes pour la quotité.

Elles fe lèvent avant le champart feigneurial.

En certains cantons, elles comprennent les novales.

Les terres qui en font exemptes payent la prémice rectoriale, abonnement de la dîme eccléfiaftique.

Enfin, elles fupportent toutes les charges, & les feules charges de dîmes inféodées.

Dix caractères qui ne laiffent aucun doute fur la vraie nature des dîmes de *Bonrepos*, & que l'on va juftifier d'après les titres, en répondant aux objections des défendeurs.

I.

Nom de la Redevance.

PAR-TOUT elle eft défignée fous le nom latin, *decima*, ou fous les noms français, *dême* ou *dîme* : ce font-là les termes des actes de donation des Vicomtes de Rohan de 1184 & 1373, ainfi que des chartes de 1421 & de 1422 ; ce font ceux des actes fubféquents, relatifs à la poffeffion ou à la propriété, comme

baux à ferme, tranfactions fur procès, enquêtes, écrits, fentences, arrêts, procès-verbaux, &c. Toutes ces pièces qui font produites, ne parlent que de *dîmes*; nulle part
on n'y trouve les expreffions de champart ou
terrage, ou autres femblables, confacrées pour
fignifier les devoirs féodaux par les anciennes
Ordonnances, par les loix des autres Provinces, par la Coûtume de Bretagne, par les
Ufements locaux, en particulier par celui de
Rohan (1), & par les Chartes de notre Histoire (2). Il eft vrai que dans des temps très-

---

(1) *Voy*. la Requête d'oppofition du fieur Abbé de la
Biochaye, *& fuprà*, pag. 115.

(2) Voy. *Preuves de l'Hiftoire de Bretagne*, tom. I,
col. 403, 427, 429, 435, 436, 544.

Voy. auffi la charte de 1181, *ibidem*, col. 684, où l'on
trouve le fief Badoas, qui rendoit à l'Evêque ou Archevêque de Dol, *decimam & campar*; la dîme étoit dûe au
Pafteur, & le champart au Seigneur de fief; l'Evêque réu-
niffoit les deux titres, il percevoit l'un & l'autre droit.
Les adverfaires aiment mieux dire, que la dîme étoit champart, & que le champart étoit dîme; en un mot, que
ces deux mots réunis & divifés par la prépofition &, ne
font qu'un pléonafme. Cependant nous avons déja vû des
exemples des deux preftations dans la même main, *fuprà*
page 106. Ils donnent pour raifon, que toutes les dîmes
mentionnées dans cette charte de 1181 étoient foncières. En
effet, difent-ils, il n'y eft queftion que de droits feigneuriaux; les dîmes de la Frefnaye font dites *de Dominico*

modernes, nous trouvons en Bretagne quelques exemples de preſtations certainement foncières, appellées *dîmes ;* mais c'eſt une choſe *rare*, comme on l'a ci-devant obſervé (*p.* 113), d'après Poullain du Parc ; & il ſeroit trop étonnant, que dans une foule d'actes relatifs aux dîmes de *Bonrepos*, depuis tant de ſiécles, jamais elles n'euſſent été appellées de leur nom véritable.

Attachons-nous aux titres primordiaux de 1184, 1421 & 1422.

Dans les Chartes de 1184 (1), le Vicomte de Rohan donne à *Bonrepos*, ſes dîmes de la Paroiſſe de *Mereliac* ou *Merleac*, & en Angleterre, des Egliſes & une moitié d'Egliſe, avec tous les revenus qui en dépendent ; nous l'avons vû ci-devant donner la dîme de l'Egliſe de Querdin. Ce Seigneur & ſes ancêtres posſédoient donc les revenus, les dîmes des Egliſes

---

Archiepiſcopi , & la dîme de Carphanton eſt dite *dominica* : mais la Freſnaye & Carphanton ſont deux Paroiſſes ; l'Evêque en avoit les dîmes en tout ou partie, comme il a celles de beaucoup d'autres Egliſes. Ces dîmes étoient *dominica* ou *de dominico ,* parce qu'il les avoit en propriété, & ne les avoit point concédées en fief, comme les Evêques en concédoient alors, & en avoient concédé à des laïcs. Voy. *ſuprà ,* pag. 84 & ſuivantes, & pag. 124.

(1) *Ibidem ,* col. 697 & 698.

même en Bretagne, & les dîmes qu'ils ont données étoient eccléfiaftiques. Qu'ils euffent des Eglifes en Angleterre par droit d'avouerie, il ne s'enfuit pas qu'ils n'en euffent point acquis en cette Province par quelqu'un des moyens expliqués fur la feconde Propofition. Au furplus, les avoueries des Eglifes ont eu lieu en Bretagne (1), & nous euffions pû indiquer cette inftitution comme une des occafions, qui probablement ont fait paffer des dîmes eccléfiaftiques aux Seigneurs Bretons.

Les actes de 1421 & de 1422, font des lettres-patentes du Duc, portant amortiffement des dîmes de *Bonrepos*, & don fait au Vicomte de Rohan par le Duc, de la proche mouvance fur les mêmes dîmes.

Dans les lettres de 1422 (2), on voit que le Duc de Bretagne & le Vicomte de Rohan confidéroient les dîmes de *Bonrepos*, comme eccléfiaftiques d'origine ; *combien que de droit*

____

(1) *Bobilon, Avoué de Vertou*, efcorta les Religieux de cette Abbaye, & prit leurs bagages fous fa défenfe lorfqu'ils fe retirèrent à Saint-Jouin, à la nouvelle du pillage de Nantes par les Normands, vers 843. Voy. *Hiftoire eccléfiaftique de Bretagne, par M. l'Abbé Deric*, tom. V, pag. 299. On nous difpenfera de chercher d'autres veftiges des avoueries en Bretagne.

(2) *Ibidem*, tom. II, col. 1128 & 1129.

commun

commun, est-il dit, *toutes dîmes sont à préfumer efpirituelles, & amorties, dont n'appartient hommage, rachat, ni obéiffance à la temporalité*, le donateur *n'entendoit aucunement entamer, ni intercifer à fa Baronie, Seignorie & obéiffance d'icelle, ni s'en défapointer de la Seignorie, ou plus que dépend ladite donaifon.*

Ainfi, le donateur avoit regardé les dîmes qu'il avoit cédées à *Bonrepos*, comme *efpirituelles, ne devant hommage, rachat ni obéiffance à la temporalité ;* il avoit penfé, qu'une fois retournées à l'Eglife, elles feroient comme les autres dîmes eccléfiaftiques de fa Vicomté, poffédées fans aucune charge de fief, & *n'interciferoient point à fa Seignorie.*

Mais depuis que ces dîmes avoient été détachées des Cures dont elles dépendoient, le Vicomte de Rohan, Seigneur laïc, avoit dû les poff000der aux mêmes conditions que fes autres biens réels, à charge de foi-hommage & rachat. Leur retour à l'Eglife n'avoit pas rétabli la qualité primitive. On fe rappelle que la Nobleffe & le Tiers-État de Bretagne, avoient rejetté l'article arrêté par le Pape, en 1256 (1), entre le Duc & le Clergé, pour que les dîmes détenues par les laïcs redevins-

____

(1) Voyez *fuprà*, page 177.

fent eccléfiaftiques. Si malgré les Ordonnances de Saint-Louis & de Philippe le Bel, il fallut en France, dès 1412 & 1413 (1), des lettres d'amortiffement pour décharger de la féodalité, les dîmes inféodées transportées à des Chapitres ; il n'eft pas étonnant qu'en Bretagne, de pareilles lettres aient été jugées néceffaires pour opérer un effet femblable : il ne l'eft pas davantage, que le Vicomte de Rohan, pour empêcher l'*intercifion* de fa Baronie, fe foit fait céder par le Duc la mouvance des dîmes.

Les Religieux de *Bonrepos* obtinrent donc, ou par néceffité, ou pour plus grande fûreté, des lettres d'amortiffement de leurs dîmes en 1421 ; & dans ces lettres, on inféra que ces dîmes étoient tenues du Duc, à foi-hommage & rachat. C'étoit le motif réel ou la prétention des gens de Finances qui obligeoit de folliciter de pareilles lettres. Elles ne prouvent rien contre l'origine eccléfiaftique des dîmes tenues en fief, origine démontrée par l'hiftoire & préfumée par les loix.

Si l'opinion de Pithou, dans l'art. 74 des *Libertés*, eft que les dîmes des laïcs retournant à l'Eglife, reprennent leur première nature ;

____

(1) *Voy.* Du Puy, fur l'art. 74 des *Libertés*.

cette opinion de Pithou ne fut pas *celle de son fiécle* : ce fut celle de quelques auteurs Français, dont l'avis céda bientôt à la diftinction établie par Du Moulin, & qu'on a ci-devant indiquée. En Bretagne, D'Argentré enfeignoit qu'il ne fe faifoit point de retour à la qualité primitive : il étoit furpris, comme on l'a vû, de cette maxime inconféquente ; mais elle fubfiftoit, elle régnoit chez les Bretons. Les deux chartes de 1421 & 1422, prouvent feulement qu'elle étoit fort ancienne.

On fe rappelle qu'en notre Province, les mots *dîmes inféodées* fignifient des dîmes d'origine eccléfiaftique. Dans le grand procès que foutint l'Abbaye en 1571, au fujet de fes dîmes, on les appelle pofitivement *dîmes inféodées* (1).

Sur deux cents titres, dans quatre fiécles, il s'en trouve un du 26 Mai 1714, ou le Notaire voulant faire honneur aux Religieux, & relever l'éclat des biens qu'ils poffédent, a nommé leur dîme de Merléac *feigneuriale & abbatiale*, foit parce que l'Abbaye a des fiefs, foit parce que cette dîme provient des

---

(1) Écrit du 26 Novembre 1591, *cotté* C. 11. P. *en la production des Religieux du 14 Décembre* 1769.

Seigneurs de Rohan. Mais ce titre eft tout récent ; il eft unique dans ce genre ; le partage de la dîme avec le Recteur y eft reconnu : l'erreur ou plûtôt l'équivoque dans la qualification eft manifefte & fans conféquence. On paffe au fecond caractère de dîmes eccléfiaftiques.

I I.

CONSENTEMENT de l'Évêque diocefain requis pour transporter aux Religieux les dîmes de la Vicomté de Rohan.

NOUS avons prouvé (1) , que ce confentement de l'Evêque eft un caractère des dîmes eccléfiaftiques, & nous avons fait voir qu'il avoit lieu pour les dîmes de la Vicomté de Rohan, par l'exemple des dîmes de Quillac , & par celui des dîmes de l'Eglife de Querdin. En voici un autre, particulier aux dîmes de l'Abbaye de *Bonrepos.*

En 1249 , Joffelin de Rohan lui donna fes dîmes de Porchumec, de Leschendin, de Leimaban , & de Guetions (2). Deux fois cette

_____

(1) Voy. *fuprà* , page 120. On y a expliqué, dans la note , pourquoi ce confentement n'a pas toujours été obtenu ou demandé.

(2) *Preuves de l'Hiftoire de Bretagne* , tom. I. col. 942.

donation fut confirmée par l'Evêque (1); confirmation fans objet & contraire à l'ufage, fi
ces dîmes n'euffent pas été reconnues d'origine eccléfiaftique.

Il eft vrai, que dans la première confirmation, l'Evêque inſére la clauſe; » à moins
» que ces dîmes n'aient déjà été *affignées* à
» une Églife paroiſſiale : *Niſi prius dicta decimæ*
à dicto Joſſelino, vel ab aliis, qui dare poterant,
fuerint alicui Eccleſiæ parochiali aſſignatæ. Cette
clauſe n'auroit pas femblé fi favorable aux
défendeurs, fi l'on s'étoit rappellé le chap. 7.
X *de his quæ fiunt à Prælato fine conſenſu Cap.*
où le Pape Innocent III, après avoir dit que
le laïc doit *reſtituer* la dîme à l'Eglife d'où
elle dépendoit, ajoûte que fi elle a été *aſſi-*
gnée par le laïc à une autre Eglife, du confentement de l'Evêque, l'acte eft valable. *Mo-*
nendus eſt laïcus qui decimam detinet, ut eam
reſtituat Eccleſiæ ad quam ſpectat. Qui ſi fortè
induci nequiverit, & eam cum diæceſani conſenſu
alteri Eccleſiæ aſſignaverit, præſertim religioſo
conventui ; conſtabit ipſa donatio perpetuâ firmi-
tate ſubnixa. On voit affez que *aſſignare decimas*
n'étoit pas donner à l'Eglife paroiſſiale des

---

dimes foncières, mais plûtôt attribuer à une Eglise paroiſſiale ou conventuelle, à ſon choix, une dîme qu'on auroit dû naturellement *reſtituer* à l'Egliſe même qui en avoit été privée par la détention laïcale.

I I I.

IDENTITÉ de la dîme de l'Abbaye avec celle des Recteurs, & que la part de l'Abbaye ſe lève la première.

SI le Curé ne perçoit qu'une portion de la dîme, & que l'autre part, qui en fait le complément, appartienne à un laïc ou à ſon ceſſionnaire ; alors, c'eſt une ſeule & même dîme, qui ſera jugée originairement eccléſiaſtique, quoiqu'en partie poſſédée à charge de fief. Chacun ſent la juſteſſe de ce principe ; il découle des vérités hiſtoriques & légales ci-devant démontrées. D'Argentré l'enſeignoit il a plus de deux cents ans : *Si non tota & integra decima Rectori ſolvitur, & reliquum quod eam totam impleat, laïco penditur, eadem decima eccleſiaſtica origine putanda* (1).

Voilà pour le point de droit.

____

(1) *Argentræus, ad art.* 266, *cap.* 22, *n.* 5.

(199)

Le fait n'eſt pas douteux ; il eſt prouvé par
preſque tous les titres qui ſont au procès, &
en particulier par l'aveu de 1604. Les défendeurs eux-mêmes ſont forcés d'en convenir (1);
s'ils diffèrent à cet égard du ſieur Abbé de
la Biochaye, c'eſt par leur explication puiſée
dans le ſyſtême hiſtoriquement & légalement
faux, ſuivant lequel ils ſoutiennent qu'il n'y
a pas en Bretagne une ſeule dîme vraiment
eccléſiaſtique, & que les dîmes des Paroiſſes
ne ſont que des portions de champarts donnés par les Seigneurs après l'expulſion des
Normands.

La moitié ou les deux tiers des dîmes
revenant à l'Abbaye ſe lèvent avant le tiers
ou la moitié du Recteur ; l'Abbaye a le choix
ſur les Curés. Nouvelle circonſtance deſtructive de la qualité foncière des dîmes de *Bon-*
repos ; car c'eſt une maxime inconteſtable,
que les champarts ou terrages ne ſe perçoivent qu'après la dîme du Recteur dont ils ne
peuvent opérer aucune diminution.

Les défendeurs répondent, que c'eſt *un*
uſage abuſif, dans lequel les Moines ſe ſont

____

(1) *Mémoire de* 1772, *pag.* 25. Il y a une exception
pour les terres du village des *Granges*, en la Paroiſſe
de Saint-Maycuc, trève de Caurel. V. *infra*, no. VIII.

maintenus contre toutes les règles (1). Ce n'eſt pas là réſoudre l'objection qu'on leur adreſſe. L'uſage dont il s'agit n'eſt point abuſif ; il eſt conforme à la juriſprudence ; & ſa légitimité, ſa durée paiſible, ſont une preuve de la nature eccléſiaſtique des dîmes. Le champart ne ſe lève qu'après la dîme d'origine eccléſiaſtique ; mais dans le concours de deux portions de dîmes de cette qualité, dont l'une eſt reſtée eccléſiaſtique & l'autre a été inféodée, la poſſeſſion peut régler le partage & procurer le choix à l'un des décimateurs (2).

I V.

UNIVERSALITÉ de la dîme de Bonrepos, *en chaque Paroiſſe ou Tréve, ou cours de dîme, ſans aucune exemption réelle ni perſonnelle.*

Ici viennent ſe ranger la plûpart des titres de l'Abbaye. Donations, tranſactions, enquêtes, écritures fournies dans les procès, jugemens & arrêts depuis quatre cents ans ; toutes ces piéces forment une chaîne de preuves, qui renverſe la prétention des adverſaires.

---

(1) *Réponſe* ſignifiée en 1785, *pag.* 41.

(2) *Principes du Droit Français, ſuivant les maximes de Bretagne,* tom. 3, *pag.* 238, n. 123.

On a dit que la dîme de *Bonrepos* ne s'é-
tend qu'à certaines tenues, à certaines piéces
de terres éparfes en chaque canton ; & les
titres font voir, qu'elle ne fuit pas d'autre
divifion que celle des Paroiffes ou des Tréves, ou des cours de dîmes comprenant toutes
les tenues en chaque village.

On a dit qu'elle n'eft pas dûe fur les terres
poffédées à héritage, ni fur les terres nobles,
mais fur les feules terres à domaine congéable. Au contraire, les titres prouvent qu'elle
s'étend généralement à toutes les terres de
chaque Paroiffe, Tréve ou cours de dîmes,
fur les terres à héritage, comme fur celles
de convenant ; fur les tenues nobles & appartenantes à des nobles, comme fur les tenues
roturières.

Enfin, dans le fyftême des défendeurs, elle
ne devroit fe lever que fur les terres convenancières propres aux Vicomtes de Rohan ; &,
fuivant les titres, elle fe lève de tout temps
fur les terres nobles & convenancières des
Seigneurs & autres propriétaires de chaque
Paroiffe, Tréve ou cours de dîme ; les domaines même de la Seigneurie de Rohan à
Corlay, n'en font pas exempts : c'eft un fait
fi notoire, qu'on n'a pas encore ofé le contefter.

Donation de dîmes du 30 Avril 1373.

C'EST une charte par laquelle Jean de Rohan concéda, aux Moines de *Bonrepos*, des *dixmes* ou defmes, & non pas des *parcelles de dexmes*, qu'il avoit en plufieurs Paroiffes. Ces dîmes y font défignées au nombre de quarante, ou par le nom des Paroiffes, ou par celui du principal Village ou canton de chacun des cours de dîmes.

Il n'eft parlé d'exemption, ni pour les terres, ni pour les perfonnes. Mais comme la quotité varie, & qu'elle eft dans quelques Paroiffes à la dix-huitième; ailleurs, à la onzième, ou douzième gerbe; comme certains Recteurs avoient le tiers dans leurs Paroiffes, & que d'ailleurs la poffeffion devoit déterminer les bornes de chaque trait; le Seigneur de Rohan dit qu'il donne les dîmes, *comme lui & fes devanciers les foloient avoir & lever, dans le même état, à la même manière.* Il n'y a peut-être pas un feul contrat de ceffion de dîmes certainement d'origine eccléfiaftique, où ne fe trouvent de pareilles claufes. En faire un caractère de dîmes féodales, ce feroit l'unique, mais l'infaillible moyen de réalifer

ce frivole fyftême, qui déclare fimples tributs feigneuriaux toutes les dîmes eccléfias-
tiques & inféodées.

Les dîmes cédées par cet acte, font efti-
mées au total, 82 *liv.* 4 *fols*, 6 *deniers*, de
ce temps-là. Les défendeurs réduifent cette
fomme à 59 *livres* ; ils prétendent que les
quarante dîmes cédées à *Bonrepos*, étoient
précifément la dîme de quarante métairies de
cinq à fix cents livres de revenu en fruits
décimables. On ne les fuivra point dans les
faux & laborieux calculs, qui ont produit
ce réfultat.

Mais on obfervera 1º. que du nombre des
quarante *defmes* affignées aux Religieux, il y en
a cinq au moins qui ne font défignées dans
l'acte, que par le nom de l'Eglife Paroiffiale ; ce
font celles de *Malguenac, Cleguerec, Monftmor,
Plougaftel, & Ploudaniel.* Il eft trop évident,
que *la déme de Malguenac, la déme de Cleguerec, la déme de Monftmor, la déme de Plougaftel, la déme de Ploudaniel*, ne peut pas
être la dîme d'une fimple tenue en chaque
de ces Paroiffes.

2º. Les défrichements & l'accroiffement de
population, furvenus depuis 1373, ont changé
en campagnes cultivées & enfémencées de

fruits décimables , la plus grande portion des terres du pays , autrefois défertes & en vaine pâture.

3°. L'augmentation immenfe dans la quantité , dans la valeur du numéraire , & dans le prix des bleds depuis cette époque , augmentation pas encore bien connue , bien définie , jette dans les calculs de cette efpèce une incertitude , un arbitraire , qui détruifent toute confiance.

4°. Ils font ici tout-à-fait inutiles pour fixer l'étendue des dîmes de *Bonrepos* , & en déduire qu'elles font de fimples terrages , dès là qu'on eft forcé d'avouer (1) , que l'Abbaye poſſéde bien des dîmes qui ne font pas référées dans l'acte de 1373.

Parmi ces dîmes , il en eft même qui ne viennent pas de la libéralité des Seigneurs de Rohan ; telle eft celle qui fut donnée par Marie Le Floch , & que fon héritier reconnut appartenir à *Bonrepos* , dans l'acte qu'on va difcuter.

____

(1) *Mémoire des défendeurs* , fignifié en 1772 , *pag.* 24. Cela eft prouvé d'ailleurs par l'aveu de 1604 , & par une fuite de baux depuis trois cents ans.

Tranfaction du 3 Juin 1384.

LES Seigneurs devenus poffeffeurs des dîmes des Eglifes, les aliénoient eux-mêmes à toute forte de titres ; des particuliers achetoient quelquefois celles qui étoient dûes fur leurs terres, & fe procuroient ainfi l'exemption, pendant que le droit actif & paffif fe trouvoit réuni dans la même perfonne. Il y en a un exemple dans cet acte, où font abandonnées à l'Abbaye, *toutes les dîmes que celle Marie Le Floch avoir pouvoit & avoit, en toutes les terres qu'elle avoit & pouvoit avoir, en la Paroiffe de Saint-Mayeuc.*

Ces expreffions font bien négatives d'un champart. On ne peut avoir de dîme foncière fur fes propres héritages ; au lieu qu'on peut y lever la dîme inféodée, qui ne fe confolide point, qui ne s'éteint jamais par cette réunion, à caufe de l'efpérance du retour à l'Eglife, & de la deftination fubfidiaire aux principales dépenfes du culte (1).

Il ne faut point dire que *les terres qu'elle avoit,* fignifie les terres qu'elle avoit baillées

____

(1) Arrêt du Parlement de Paris, du premier feptembre 1766, dans la Collection de Denifart, *verbo* DIXME.

à convenant; il n'y a aucun motif pour adopter cette explication de fantaisie; & quand on l'admettroit, ce feroit fans conféquence, puisque Marie Le Floch auroit pû, comme d'autres laïcs, poſſéder ſur ſes colons une dîme d'origine eccléſiaſtique.

Tranſaction du 12 Janvier 1435.

C'EST une tranſaction entre l'Abbaye & Olivier Le Feure, au ſujet de la dîme prétendue par les Religieux, conſiſtant dans *les dous parts de l'onzième gerbe*, (l'autre tiers reſtant au Recteur), & prétendue, non pas, comme on dit, ſur une pièce de terre, ni ſur deux, mais *en général ès terres ſituées en la maſure nommée* Lemaban, *dans les métes du trait de Lemaban*, & ſur la tenue de *Chavigeous*, *au village de Kereven*. Sur les héritages en Lemaban, Le Feure prétendoit l'exemption de dîmes; & ſur ceux de Kereven, il diſputoit aux Religieux le droit actif de la dîme.

Au ſoutien de ſon exemption, il alléguoit, que *en celle maſure, il y avoit des pièces de terre, qui ne poient point de dîmes auxdits Abbé & Couvent, ès fois & quant ceux à qui ils étoint & les tenoint noblement, les labouroint & fai-*

foint labourer pour eux-mêmes ; & que l'ufement étoit tel , que quant un homme qui tient noble-ment fa pièce, la fait labourer pour lui-même, que elle eft franche & exempte ; & quand il la baille par ferme, à louage ou à convenant, ceux Abbé & Couvent, prennent la defme.

Il reclamoit donc un privilège plus perfon-nel que réel, un privilège accidentel & paffa-ger, invoqué autrefois , mais en vain, par les nobles, pour fe fouftraire à la dîme ecclé-fiaftique , jamais pour fe difpenfer de payer des redevances féodales.

Les Religieux étoient *dédifours* de l'ufement allégué, *& avoint maintenu par fait contraire, que l'ufement étoit que ceux qui labouroint leurs terres , nonobftant qu'ils les tinffent noblement, poient celui devoir de dîme.*

Après enquêtes fur le fait de l'ufement, Le Feure fe trouva forcé d'abandonner fa ri-dicule prétention.

Sur le fecond chef, *il difoit qu'il étoit en fefine & poceffion, lui fon père, & autres pré-déceffours chacun en fon temps*, non pas *de ne* payer que la dîme rectoriale, fiction imaginée par les adverfaires, contre la teneur de l'acte; mais *d'avoir & lever la déme des labouraiges, creuz en icelle tenue* (du Chavigeous) *& fes* *appartenances.* Il n'eſt rien décidé ſur ce point ; ſeulement il eſt convenu, *que enquéte ſoit faite de leurs avelʒ* (de leurs prétentions), tant *d'une part que d'autre, pour appointer,* c'eſt-à-dire pour concilier les parties.

On a donc ſoutenu bien à tort, que ſuivant la ſeconde partie de cet acte, *la poſſeſſion ſur chaque pièce ſert à diſtinguer les terres ſujettes à la dîme de* Bonrepos. Il ne s'agit point là d'exemption, mais du droit actif de dîme, droit qui ſe règle conſtamment par la poſſeſſion des décimateurs.

Mais ſe fût-il agi d'exemption, l'on ne ſeroit pas mieux fondé à conclurre, que la dîme étoit conſidérée comme foncière. On va répondre une fois, afin de n'y plus revenir, à cette objection ſans ceſſe répétée, pour affoiblir l'autorité des tranſactions & des Jugements produits par les Religieux.

La poſſeſſion ſi ſouvent alléguée de leur part, & ſi bien prouvée, ſervoit à déterminer l'étendue de chaque dîmerie, & non pas à exempter aucun des héritages qui s'y trouvoient renfermés. Tous les titres conſtatent la poſſeſſion univerſelle de l'Abbaye dans chaque cours de dîmes, le trouble que des hommes avides & injuſtes y apportoient, & puis leur

leur foumiſſion volontaire ou leur condamnation juridique ; mais nul acte qui nous préſente un ſeul propriétaire maintenu par la
poſſeſſion dans ſa prétendue franchiſe. Avoir
invoqué des moyens de droit, ou s'être borné
à ſoutenir le fait de la poſſeſſion, eſt une
circonſtance qui tenoit au plus ou moins d'habileté des Conſeils de l'Abbaye, & ne peut
ſervir à déterminer la nature de la dîme. Pourquoi les Religieux auroient - ils dû alléguer
l'origine eccléſiaſtique, lorſque jamais elle n'a
été conteſtée, lorſque, juſqu'à l'introduction
de la préſente inſtance, aucun refractaire n'a-
voit oſé qualifier leur dîme de tribut ſeigneu-
rial, de champart ou terrage ?

Il eſt encore, ſur ce titre, une objection
qui porte à faux, & qui, même appliquée aux
autres actes, n'a pas la moindre ſolidité.

On prétend, quoiqu'il n'y en ait aucune
preuve, que l'Abbaye avoit plaidé contre Le
Feure en la Juriſdiction de Pontivy. On fait
enſuite un état des procès qu'elle a ſoutenus
juſqu'à préſent pour ſes dîmes, au même Siége,
à Corlay, & par contredit à Ploermel. On
ſuppoſe qu'avant le quinziéme ſiécle, les
Officialités avoient la connoiſſance excluſive
des dîmes eccléſiaſtiques d'origine, même de

O

celles qui étoient tenues en fief ; que vers le temps de l'union de la Bretagne à la France, le Conseil du Duc eut seul la connoissance du possessoire de ces mêmes dîmes ; que cette partie de jurisdiction fut en 1552 confiée aux Juges Présidiaux, qui seuls depuis l'ont toujours exercée ; enfin, de suppositions en suppositions, l'on conclut que les dîmes de *Bonrepos* ne sont pas d'origine ecclésiastique, puisque les Juges de la Vicomté de Rohan, ont toujours continué d'en connoître, au lieu des Officiaux, des gens du Conseil du Duc, & enfin des Juges Présidiaux (1).

Cette difficulté scientifique sembleroit d'abord le fruit heureux d'exactes & profondes recherches concernant l'origine, le progrès & l'état présent des loix & des usages, relatifs à la jurisdiction sur les dîmes ; cependant on n'a pû la former, sans ignorer ou méconnoître la jurisprudence ancienne & moderne touchant cette matière.

Nous avons déjà observé (2), que les dîmes d'origine ecclésiastique, inféodées ou censées inféodées avant le 3me Concile de Latran,

---

(1) *Réponse* signifiée en 1785, *pag.* 30 & 31.
(2) Voy. *suprà*, pag. 174 & 176.

furent regardées comme ayant perdu leur nature prétendue *spirituelle*, & que par les Ordonnances de 1274, 1290, 1302 & 1303, elles furent exceptées du nombre de celles dont on laissa la compétence aux Juges d'Eglise. Dès 1213, l'Espagne avoit une loi (1) semblable. C'est aussi l'ancien usage de Bretagne, attesté par D'Argentré (2) & prouvé par les anciens Arrêts (3) : Suivant *notre jurisprudence constante, l'attribution exclusive des Juges Présidiaux est bornée à la dîme ecclésiastique, & ne s'étend point aux dîmes inféodées. Quoiqu'on les présume originairement ecclésiastiques, leur qualité de biens tenus en fief depuis tant de siécles, suffit pour les tirer entièrement de la classe des matières bénéficiales* (4).

Mais quand les dîmes inféodées eussent été en Bretagne, depuis le quinzième siécle, de la compétence exclusive des Juges Présidiaux, les Juges de la Vicomté de Rohan n'auroient

---

(1) Fevret, *Tr. de l'Abus*, tom. II, page 11.

(2) *Ad art.* 266, *cap.* 22, *n.* 14.

(3) Voy. liv. 3, ch. 45, des Arrêts de *M. Du Fail*, & *ibidem*, liv. 3, ch. 400. Arrêts de Frain, *page* 10.

(4) *Principes du Droit Français suivant les maximes de Bretagne*, tom. III, page 235. *Journal du Parlement de Bretagne*, tom. IV, ch. 122.

pas moins eû le droit d'en connoître. Un privilège spécial dont ils ont jusqu'à nos jours conservé la jouissance, étoit de connoître dans leur ressort, de ce que nous appellons *Matières Bénéficiales*, de tout ce qui est réservé à ce titre aux Juges Présidiaux dans le reste de la Province (1).

L'acte qui suit nous arrêtera moins long-temps.

Transaction du 20 Décembre 1436.

IL y avoit contestation en la Cour de Pontivy, entre l'Abbaye & Thomas le Toer, sur

---

(1) Cet important privilège qu'on dit être abandonné aujourd'hui par les Juges de Rohan, est fondé sur un arrêt du 27 Septembre 1420 ; il a été confirmé, au profit de M. le Duc de Rohan Chabot, Pair de France, par arrêt du Parlement de Rennes du 2 Avril 1692, rendu sur appel de sentence des Commissaires réformateurs du domaine du Roi à Ploermel, les 14 & 18 Décembre 1683. Voici les termes de l'arrêt : *A maintenu & maintient l'appellant... dans la mouvance, proche fief, & droits de Justice sur les Abbayes, Prieurés, Eglises parochiales & succursales, Presbytères, & tous autres Bénéfices & gens d'Eglise, & leurs temporels situés dans les territoires desdits Duché de Rohan & Comté de Porrhoet.... & dans le droit & possession d'avoir justices & maîtrises particulières des Eaux & Forêts.... &c. &c.* L'arrêt de 1692 a été répété par deux autres, des 16 Octobre 1732, & 8 Juin 1734.

les *deux parts de la dîme* d'une piéce de terre, fituée *dans les fins & métes de la dîmerie de Lemaban.* Ce fut fans doute ce motif de l'enclave, feul mentionné dans l'acte, qui décida Thomas le Toer à tranfiger, en déclarant, aux généraux plaids de Pontivy, *n'avoir à débattre,* que les Religieux fiffent la levée de la dîme des labourages de ladite pièce. Cette tranfaction eft au rapport de *Querlogoden* paffe.

Les défendeurs veulent que ce foit-là un aveu ou reconnoiffance d'une dîme féodale ; mais il eft fans exemple, qu'un aveu ait jamais été conçu de la forte. C'eft évidemment un accord fur une conteftation déjà formée en juftice ; c'eft donc une tranfaction , qui prouve l'univerfalité du droit de dîme dans l'enclave de chaque dîmerie.

Ancien Livre de Recette de l'Abbaye, pour l'année 1441.

CET ancien livre n'eft pas produit , parce qu'on n'a pû le recouvrer , quelques perquifitions qu'on ait faites. Mais il eft référé dans une production du 15 Mars 1571 , & décrit de la manière fuivante : *Livre en latin & en Breton , contenant tous les cours de dîmes , en chacune Paroiffe , par ordre , avec les noms des sujets audit devoir, de quels villages ils étoient, de quels Seigneurs ils tenoient.*

C'étoit donc *un rôle* de dîme féodale, s'é-crient les adversaires ; *sans doute il fait mention d'autres rôles plus anciens , peut-être même, de ceux que le donateur remit aux Religieux.... Il nuiroit aux prétentions actuelles de l'Abbaye, qui , sans distinction , veut soumettre à sa dîme toutes les terres des Paroisses où elle en perçoit. Ils vont répondre que ce rôle n'existe plus ; en feroit-il de même à l'égard des autres titres qu'ils recèlent.... On leur en eût inutilement autrefois demandé la communication ; .... mais leur nouvel Abbé est trop juste, pour qu'il cherche à surprendre la religion de la Cour, & ne pas produire tous les titres dont il n'ignore pas que ses Religieux font saisis , & qui peuvent servir à décider la question.*

Reprenons rapidement toutes ces assertions, & ces stimulations pressantes , & ces injures grossières que les Religieux de *Bonrepos* n'ont point méritées , & ces éloges insidieux, qui servent à déguiser & rendre plus piquant l'outrage qu'on fait au demandeur, en supposant qu'il soutient une cause prouvée injuste par des titres *dont il n'ignore pas que ses Religieux font saisis.*

Pourquoi transformer en *rôle féodal ,* ce que

l'on avoue dans la même page avoir été un simple *Livre de Recette?* Comment suppofer que ce livre domeftique *nuiroit aux prétentions de l'Abbaye*, tandis qu'il fut produit en 1571, pour défendre une prétention exactement femblable à celle d'aujourd'hui, & autorifée par l'arrêt qui intervint, c'eft-à-dire, l'univerfalité du droit, dans l'enclave de chaque cours de dîme ?

Cet ancien livre contenoit *tous les cours de dîmes en chaque Paroiffe :* il prouveroit donc que la dîme fuit la divifion des traits, & non pas celle des tenues ou des pièces de terre.

Il offroit auffi *les noms des Seigneurs* des tenanciers dans chaque dîmerie : cette dîme n'étoit donc pas un champart ftipulé par les anciens Seigneurs de Rohan ; car le champart eft dû au Seigneur proche, & non pas au fuferain. La dîme que poffédoit le Vicomte de Rohan, s'étendoit dans la directe des Seigneuries de fa Vicomté : ce n'étoit donc pas une redevance impofée par lui-même ou par fes auteurs.

Ni l'Abbé de *Bonrepos*, ni fes Religieux, ne font capables de recéler des titres qui pourroient établir la prétenduc injuftice de leur caufe ; ils n'en *recélent* d'aucune efpèce,

& ne craindroient pas de produire toutes les archives de l'Abbaye , s'ils ne s'étoient convaincus par de longues & fcrupuleufes recherches , qu'on n'y trouveroit rien de plus que ce qui eft appris par ceux qu'ils vont produire, & par cette multitude de titres dont le procès eft déjà furchargé. Ils abandonnent les injures aux remords de ceux qui les ont proférées ; c'eft l'unique vengeance qu'ils fe permettront des calomnies écrites & des calomnies verbales qu'on fe plaît à lancer contre eux.

Baux à ferme des dîmes de l'Abbaye , depuis 1510 , jufqu'en 1703.

Ces fermes défignent conftamment les droits de l'Abbaye, fous les noms de *gros de dîmes*, ou de *cours de dîmes* ; plufieurs contiennent des Paroiffes entières ; elles ne font aucune exception, ni des terres nobles , ni des terres à héritage. Enfin , il y eft dit , que la dîme eft de *onze* ou *douze gerbes l'une, le droit du Recteur compris.* Ce n'eft pas ainfi qu'on rédige les baux à fermes d'un devoir feigneurial, fur quelques domaines congéables.

Tranfaction du 16 Mars 1516.

Ce titre n'avoit point encore été produit;

il prouve que l'enclave dans chaque cours de dîmes, a toujours été reconnue comme un moyen suffisant pour fonder le droit de l'Abbaye.

Les Le Scauf refusoient aux Religieux, *les deux parts de l'onzième gerbe des bleds par eux enfemencés dans une tenue d'héritage situés au village du Fos, Paroiffe de Malguenac.* Il y avoit fur cet objet, *plet & proceix en la cour de Pontivy, & ailleurs;* la dîme avoit été mife en main de *féqueftre & garde de cour.* Le moyen des Religieux étoit que ces héritages étoient *fitués ès appartenances, & en un cours & devoir de dexme, nommé la dexme de Trenenguy.* La longueur du procès donnant grand *ennui & dommage,* les parties *tranfigent & compofent; & les Le Scauf confeffent, que auxdits Abbé & Couvent appartiennent les deux parts de l'onzième gerbe des blés qu'ils ont enfemencés & feront enfemencer, ès terres à eux appartenantes audit village du Fos, fituées ès métes & dans ladite dîme de Trenenguy.*

LETTRE de Louis VI de Rohan Guémené au sieur de Clehunault du 26 Juillet 1561.

L'HISTOIRE va nous découvrir dans les troubles du Proteſtantiſme, qui éclatèrent en France & en Bretagne vers 1560, l'occaſion de cette lettre, la cauſe de tous les procès qu'il y eut depuis ſur les dîmes de *Bonrepos*, & même le principe plus ou moins direct de la conteſtation actuelle.

La faction de l'héréſie ſe trouvant alors aſſez puiſſante pour braver les loix & les magiſtrats, ſes ſectateurs ſe firent comme une gloire & un mérite de refuſer les dîmes. Il y en avoit en *très-grand nombre, qui ne vouloient payer ni les dîmes aux eccléſiaſtiques, ni les impôts au Roi.* Ce n'eſt pas ici le témoignage d'une bouche ennemie ; c'eſt l'aveu que faiſoit dès 1561, l'illuſtre Chancelier de L'Hôpital, dans une harangue au Parlement (1). Mais les loix, qui ſi long-temps proſcrivirent en vain ces abus, en ſont encore de plus fortes preuves. L'édit de Janvier 1562 défendit aux Réfor-

____

(1) Voy. *Hiſtoire de France*, continuée par M. Garnier, tom. XXIX, pag. 275.

més, sous peine de la vie, de troubler les Eccléfiaftiques dans la perception de leurs dîmes (1). Il fallut renouveller cette défenfe par de nouveaux édits en 1570, 1576, 1577, & par le fameux Edit de Nantes de 1598.

Des exemples que la cupidité, qu'un faux zèle de religion infpirent & juftifient, ne manquent pas d'imitateurs ; la licence fit de rapides progrès, & fes défordres furent permanents ; la plûpart des laïcs nobles & non nobles fe prétendirent exempts de dîme. Ils étoient *gens de main-forte*, & les eccléfiaftiques ne l'étoient pas : il fallut donc aux fermiers des dîmes fe contenter de ce qu'ils pouvoient obtenir, & favorifer eux-mêmes l'ufurpation par leur connivence.

Delà tant d'exemptions ufurpées, & qu'on ofa dans la fuite défendre dans les tribunaux ; delà tant de procès au fujet de ces exemptions, reclamées par les laïcs, fur le feul fondement de leur poffeffion ; delà tant de jugements & d'arrêts, vers la fin du feizième & au commencement du dix-feptième fiècle, pour fupprimer ces privilèges abufifs, qui n'a-

____

(1) Voy. *Ibid.* pag. 420. Bugnion, *Legum abrogatarum lib.* 3, *cap.* 59, *page* 384.

voient d'autre fource que l'avarice, la violence & l'héréfie.

Toute la branche aînée des Princes de Rohan eut le malheur d'être féduite par les nouvelles opinions. Dès le mois de Juin 1560, *Cabane*, Miniftre Proteftant, prêcha le Calvinifme à Pontivy, en préfence du Vicomte de Rohan & de plufieurs autres Seigneurs. L'année fuivante, *La Favéde* fut nommé Miniftre de la nouvelle Eglife, & commença bientôt d'en faire les fonctions (1). Les hérétiques fe multiplièrent dans ce canton; le dogme de refufer la dîme aux Prêtres & aux Religieux fut avidement embraffé. Pour amener les catholiques au même fentiment, on publia que le Pape & le Roi avoient aboli les dîmes. Plufieurs Gentilshommes des environs commirent des violences pour en empêcher la perception, ou pour fe les approprier. L'Abbaye fut plongée en d'énormes involutions de procédures contre les refractaires ; elle fut fur le point d'être prefque totalement dépouillée de fes dîmes.

La branche puînée des Princes de Rohan,

______

(1) Voy. *Hiftoire de Bretagne*, par Dom Taillandier, tom. II, pag. 281, 282, 283, 287.

qui possédoit Guémené & Corlay, persévéra dans la foi catholique (1) ; & Louis de Rohan, sixième du nom, Seigneur de Corlay, donna des ordres pour contenir dans le devoir, les nobles & autres ses vassaux en proche & arrière-fief. Les Moines de *Bonrepos* dûrent à son zèle pour la vraie religion, & à son amitié pour leur Abbé, la lettre suivante qu'il écrivit au sieur de Clehunault, un des plus violents ennemis des dîmes de l'Abbaye.

J'AI entendu que vos hommes & sujets, qui devoient la dîme à l'Abbaye de Bonrepos *(2), ne la veulent payer cette année. J'ai voulu vous écrire, afin que vous leur commandiez sous peine de me désobéir, & vous aussi, qu'ils ne faillent à la payer, ainsi qu'ils ont accoutumé ; car je ne voudrois que tels abus, qui sont de si mauvais exemple, fussent commis en mes terres par mes vassaux & sujets, encore moins en l'endroit de M. de* Bonrepos*, que de mes autres ; car*

-----

(1) Voy. *Ibid.* pag. 306.

(2) Ces expressions prouvent seulement, que le sieur de Clehunault pouvoit avoir des mouvances, hors les limites des cours de dîme de l'Abbaye, qui n'a jamais reclamé l'universalité de son droit que dans l'étendue de chaque dimerie.

il est de mes bons amis , &c. Mais cette lettre ne fit que retarder les violences des Protestans, comme on le verra dans la suite.

Procès des sieurs de Coetquen & de Lesongard, commencé en 1566, & terminés en 1570.

LES deux enquêtes & les autres pièces des deux procès produites par les Religieux, concernent les *traits de dîmes nommés de la Congraie* & de *Quergutuill.* Elles sont d'autant plus remarquables , qu'on y voit le sieur de Lesongard se porter garant d'Yves Tilly , probablement un des auteurs d'Yves Tilly maintenant au procès.

Le sieur De Lesongard , successeur du sieur De Clehunault , avoit succédé aussi à sa haine pour les Moines , & à ses projets d'usurpation. Le sire de Coetquen avoit les mêmes principes. Non seulement ils empêchoient de payer les dîmes à l'Abbaye ; mais ils s'emparoient avec *violence* des dîmes de leur voisinage, par le moyen d'hommes *armés de bois & de halebardes* (1). Il fallut obtenir des sauvegardes contre eux. Cependant ils jouirent durant plu-

----

(1) Termes des témoins dans les enquêtes produites.

fieurs années du fruit de leur ufurpation. Deux fentences confirmées par arrêts du Parlement en 1570, ne purent encore les réduire ; il fallut plaider contre eux en 1572, pour tâcher d'obtenir l'exécution de ces arrêts.

Dans toutes les pièces de ces deux affaires, il eft parlé *du concours & du partage des deux tiers au tiers avec la dîme des Recteurs.*

Mais ce qui eft plus frappant, c'eft qu'elles nous offrent de nouveau l'exemple de terres nobles, & poffédées par des nobles, affujetties à la dîme de *Bonrepos*.

On ne s'arrêtera point à quelques objections faites ici par les défendeurs. Très-foibles en elles-mêmes, elles font déjà folidement réfutées dans un précédent Mémoire pour l'Abbaye (1); mais elles le feront encore plus victorieufement pour M. le Rapporteur, après la fimple lecture des enquêtes & des autres pièces, qui par-tout expriment & fuppofent une divifion par cours de dîmes. On n'y remarque aucune trace d'exemption, pour aucune terre enclavée dans les *traits* de l'Abbaye.

---

(1) Mémoire de l'Abbaye, fignifié en 1773, *pag.* 42, 43 & 44.

Tranſaction ſur procès , du 9 Septembre 1569.

ELLE eſt paſſée entre l'Abbé de *Bonrepos*, & Maurice Briand, ſa femme & ſon fils, dont les deſcendants figurent encore en la contestation préſente. Les Briand conſentent de payer aux Religieux *les deux parts de la dîme* à la douzième gerbe, ſur un champ qu'ils poſſédoient à héritage dans le cours du trait de Guinebourg, Paroiſſe Saint-Martin, & ſur *autres* terres *qui ſont audit cours.*

Trois circonſtances rendent cet acte digne d'attention. Le partage avec le Recteur y eſt indiqué ; les terres à héritage y ſont ſujettes à la dîme de *Bonrepos* ; l'enclave dans le cours de dîmes y détermine l'étendue des droits des décimateurs.

Enquête du 15 Juillet 1570.

Dans ce temps de licence, un ſieur de Ville-blanche le Gallodec prétendit auſſi l'exemption de la dîme de l'Abbaye , ſur un champ de trente journaux nommé *Bodabel, dans le cours de dîme de Kergutuill, Paroiſſe de Saint-Martin* ; mais, par cette enquête, la poſſeſſion immémoriale de l'Abbaye fut prouvée , & il fut conſtaté que la prétention du ſieur le Gallodec

lodec n'étoit qu'une tentative d'ufurpation. Tous les témoins parlent du partage de ce cours de dîme des deux tiers au tiers, entre l'Abbaye & le Recteur de Saint-Martin.

Affaire de 1571, contre les Proteſtants des Paroiſſes de Corlay, de Pluſſulien, de Saint-Meac ou de Saint-Mayeuc, & de la Tréve de Saint-Igeau, en la Parciſſe de Laniſcat.

EN 1571, l'audace des Proteſtants des environs de Pontivy & de Corlay fut à ſon comble ; il y eut de leur part une eſpèce de conjuration générale pour abolir les dîmes de *Bonrepos.*

Cent chefs de famille, qui avoient à leur tête Philippe Du Ponthou de Kerſaint, gentilhomme, avoient refuſé la dîme ſur leurs *terres ſituées au dedans des traits & cours de dîme de l'Abbaye.* Il y avoit parmi eux, des *Guillermo,* des *Davalan,* des *Briant,* des *Olivier,* des *Le Roy,* des *Tanguy,* auteurs de ceux qui, ſous les mêmes noms, renouvellent aujourd'hui la même querelle, & poſſédent la plûpart les mêmes héritages que leurs ancêtres vouloient alors exempter. Ils mirent en avant le ſyſtême actuel des défendeurs ; mais ce ne fut pas à ce dégré de perfection qu'on lui a donné depuis, ni avec cet appareil de doctrine qui peut en impofer au premier examen. Sans contefter la nature de la dîme, ils vouloient être exempts de payer la part de l'Abbaye fur leurs *terres poffédées à héritage*, & confentoient de la laiffer prendre fur les terres convenancières.

Par fon écrit du 26 Novembre 1572, l'Abbé de *Bonrepos* s'explïqua de la manière la plus ferme & la plus précife. Après avoir obfervé d'abord aux refractaires, qu'ils vont *contre leur confcience*, & refufent ce qu'ils *doivent de droit divin*, que les dîmes de l'Abbaye font dîmes *inféodées*, qu'il a droit de les partager des deux tiers au tiers avec le Recteur, il maintient, que fon droit s'étend *fur toutes les terres qu'eux & chacun d'eux en droit foi, & autres, tiennent & poffédent, efdites Paroiffes, & Tréves*, à quel titre que ce foit, *tant par héritage, à convenant, ferme, que autrement, s'ils n'en montrent titres d'affranchiffement & exemption particuliers au contraire ; & fignantement ès terres qu'ils & chacun tiennent & poffé-dent*, AU DEDANS DES TRAITS ET COURS DE DÎMES DE, &c. &c. Après une longue énumération de chaque trait & cours de dîmes en chaque Paroiſſe ou Tréve, on trouve cette clauſe : *Et généralement ſur toutes les terres qu'ils tiennent & poſſédent ès ſuſdites Paroiſſes & autres de la Juriſdiction de Corlé*, AU DEDANS DES TRAITS ET COURS DE DÎMES D'ICELLES, *dont les demandeurs ont accoutumé jouir*, &c.

L'Abbaye produiſoit différents titres, & particulièrement les anciens baux à ferme qui énonçoient les cours & traits déſignés, dans leſquels étoient les héritages des défendeurs.

Le 28 du même mois de Novembre, appointement à informer. Les 11, 12, 13 Février 1572, on procéde à la jurée des témoins. Au procès-verbal, comparoiſſent deux tenanciers, » Jean Dagourne & Laurent Guiomar, *dé-* » *clarant* ſe déſiſter, n'avoir agi que *par ſolli-* » *citations & par menées d'autres, inconſidéré-* » *ment, confeſſant*, &c.... offrant procure ſpé- » ciale *pour faire ladite déclaration & conſentir* » *adjudication des fins & concluſions* du deman- » deur, quelle *déclaration* le ſieur Abbé ac- » cepte ». Telle eſt la prévention exceſſive ou la mauvaiſe foi des adverſaires, qu'ils changent cette *déclaration* de ſe déſiſter, payer le principal & les dépens, en preuve de la néceſſité d'un *acte recognitoire*, de la dîme, ſpécifiant & débornant chaque pièce de terre.

Les enquêtes ne se trouvent plus ; mais l'enclave n'étoit pas contestée ; on ne voyoit, ni cause ni prétexte apparent au soutien de l'exemption prétendue. Le célèbre D'Argentré & les autres Juges du Présidial de Rennes, se décidèrent en faveur de l'Abbaye ; sans même s'arrêter à vérifier des reproches articulés de part & d'autres contre les témoins.

La Sentence définitive du 29 Mars 1572 porte : *Sans qu'il soit besoin d'informer des faits de reproches déduits par les Parties, avons ledit demandeur maintenu en la possession & saisine, de prendre & percevoir le droit de dîmes, sur les héritages des défendeurs, ès tenues & traits dont est question,* c'est-à-dire en tous les traits qui appartiennent à l'Abbaye dans les Paroisses de Corlay, Plussulien, Saint-Mayeuc, & dans la Tréve de Saint-Igeau. C'est pour des héritages compris dans les mêmes traits, que la plûpart des défendeurs, descendants ou cause-ayants de ceux qui furent condamnés en 1572, reclament cette même exemption, proscrite d'abord par un tribunal que présidoit un des plus habiles & des plus intégres Magistrats du royaume.

Le sieur du Ponthou & ses adhérents eurent la témérité de relever appel de la Sentence du Préſidial; elle fut confirmée par Arrêt du Parlement du 12 Septembre de la même année.

Il fut enſuite queſtion de régler ce que devoit reſtituer à l'Abbaye chacun des refractaires, pour *les deux tiers de la* dîme à la douzième gerbe. M. de Kerſcabin fut nommé Commiſſaire pour vaquer à ce réglement. Les Parties comparurent ; & deux, nommés l'un *Rouzic*, & l'autre *Paſco*, ſe permirent, en ſa préſence, de ſoutenir après arrêt leur folle prétention (1). L'un dit que telle piéce étoit *exempte dudit devoir, fors à raiſon de la trente-ſixième gerbe dûe au Recteur*, alléguant que c'étoit *ſon propre héritage,* & non un domaine congéable, & offrant *d'en informer.* L'autre voulut excepter pluſieurs *gagneries* ſur leſquelles il ſoutint ne devoir point de *dîme abbatiale.*

Mais le Commiſſaire n'eut aucun égard à ces frivoles excuſes ; au contraire, il rapporta *que le devoir de dîme n'étoit empêché ni débattu*

______

(1) *Voy.* le Procès-verbal du 3 Juin 1574 produit par l'Abbaye, *fol.* 9, 53, 68 & 71. Toutes les inductions qu'on peut tirer de ce Procès - verbal, & en général de l'affaire jugée par l'arrêt du 11 Septembre 1572, ſont bien réfutées dans le *Mémoire* ſignifié pour l'Abbaye en 1774, page 28 & ſuivantes.

par aucun , & qu'il n'étoit queſtion qu'entre les fermiers dudit Abbé & leſdits particuliers , DU QUANTUM *qu'ils devoient pour icelles dîmes.* Il condamna définitivement Rouzic & Paſco , malgré leurs excuſes , & ils payèrent chacun leur article.

Le fermier de l'Abbaye avoit fourni des recharges contre les débiteurs ; elles furent réglées à l'arbitrage de M. le Commiſſaire , d'après les *déclarations & vérifications* qui furent faites , non pas ſur les exemptions , toutes rejettées par l'arrêt , mais ſur le produit plus ou moins fort de chaque pièce de terre. Le fermier ne fut point ſatisfait de ce réglement; il *réſerva* d'exiger ſur le prix de ſon bail , des remiſes qu'il ne paroît pas avoir jamais demandées. Cela ne prouve rien contre le fait de l'univerſalité du droit en chaque dîmerie; fait qui ſervit de baſe au jugement du Préſidial & à l'arrêt confirmatif.

Enfin , M. le Commiſſaire » permit aux » hommes *tenant terres ſujettes audit devoir,* » d'emporter leurs bleds , laiſſant aux champs » les dîmes au péril des dîmeurs ». On veut conclurre de ces mots *terres ſujettes* , qu'il y avoit des terres exemptes dans l'enclave des dîmeries. Il eſt ſenſible que ces termes ſigni

fient les terres fituées en chaque trait & en-
femencées de fruits décimables , par oppofition aux terres qui feroient hors les cours de
dîmes de l'Abbaye, ou qui n'auroient pas rapporté de recolte foumife à la preftation. C'eft
ainfi que l'Ordonnance de Blois , art. 50,
parlant indubitablement des dimes d'origine
eccléfiaftique , porte que » les propriétaires &
» poffeffeurs des héritages *fujets à dîme* (1),
» ne pourront alléguer ledit droit n'être dû
» qu'à volonté , &c. ».

Ainfi , malgré toutes les petites chicanes
qu'on vient de rappeller, il refte pour certain
que l'arrêt de 1572 a formellement jugé contre les redevables la queftion même , que leurs
defcendants & leurs caufe-ayants ne crai-
gnent pas d'agiter encore aujourd'hui dans la
même Cour fouveraine.

Enquête du 7 Mai 1573.

TANDIS que l'Abbé de *Bonrepos* faifoit condamner le fieur de Ponthou & fes adhérents,
il avoit un autre procès contre le nommé
Brunard, métayer à la métairie de Quergouarn,

______

(1) Voy. *fuprà* , page 15.

en la Paroisse de Malguenac, frairie de Mesullec. Il paroît que le sieur Rimeso propriétaire
étoit aux qualités de l'instance ; mais il plaidoit sous la garantie de son fermier, qui,
abusé par les erreurs du temps, avoit engagé
la querelle.

On n'a retrouvé qu'une seule pièce de la
procédure ; c'est une Enquête composée de
seize témoins. Elle sert à constater de plus
en plus que la dîme de *Bonrepos* est univer-
selle en chaque dîmerie, & se partage avec
le Recteur des deux tiers au tiers.

Trois de ces témoins disent, à la vérité,
que les deux décimateurs levoient *divisément
leurs portions ;* mais ces trois apprennent aussi,
comme tous les autres, que les portions *divisément* levées, étoient le tiers & les deux
tiers de l'onzième gerbe, & conséquemment
les parties intégrantes d'un seul & même droit
de dîme.

Les neuvième, dixième, quatorzième &
quinzième témoins disent aussi, l'on en convient, que la dîme de l'Abbaye, se levoit
*sur partie des terres de la Paroisse, sur la plû-
part ou la plus grande partie des terres de la
Paroisse.* Mais ces termes s'expliquent par le
reste des dépositions, dont les unes attribuent

en général aux Religieux *les deux tiers de la dîme de la Paroisse*, & les autres font l'exception des dîmes d'une *Tréve* appellée *Saint-Mériadec*. Il n'est pas étonnant que les cours des dîmes de *Bonrepos* en Malguenac ne s'étendissent que sur les terres de l'Eglise matrice.

Il faut encore avouer, que les sixième & onzième témoins bornent la dîme de *Bonrepos* dans le trait ou cours de Mesullec, à une *partie* des terres dudit cours, & que les quatrième, neuvième & dixième, semblent annoncer l'exemption pour une *partie* ou pour *deux champs* de la Métairie de Kergouarn ; mais tout cela est détruit par les dépositions contraires & unanimes de dix autres témoins.

La douzième déposition & les deux suivantes méritent sur-tout d'être rapportées.

Le sieur Hignon de La Villemenaud, ancien fermier des dîmes de l'Abbaye en Malguenac, dépose qu'elles *consistent en neuf traits de dîmes, sçavoir le Bourg, &c. sur la possession & jouissance desquelles dîmes, il n'a été troublé, ni empêché aucunement, de icelles cueillir, fors depuis deux ans, & que ladite dîme se lève sur le tout de ladite Paroisse, fors en la Tréve de Saint-Meriadec....*

Ecuyer Jacques Rolland De Kerdiziau, dé-

poſe.... que l'Abbé & Couvent de Bonrepos, ſont en poſſeſſion de lever la dîme ſur ladite Paroiſſe de Malguenac, & par toute ladite Paroiſſe, fors en la Tréve de Saint-Mériadec... & dit que les maiſons nobles de ladite Paroiſſe paient ladite dîme ; & le ſçait, parce que ſa maiſon de Querlouays ſituée en ladite Paroiſſe, qui eſt noble, paye les devoirs de dîmes audit Abbé & Recteur ; & les autres gentilshommes & lieux nobles de la Paroiſſe, en uſent en pareil....

Noble homme Yves Jouannic, ſieur **De Couedreſo**, ancien fermier des mêmes dîmes, dépoſe que *durant qu'il en a été fermier, il n'a été troublé ni empéché ſur la poſſeſſion & jouiſſance deſdites dîmes, en général, ni en particulier.*

Mais rien ne prouve mieux que la tranſaction ſuivante, l'aſſujettiſſement des terres à héritage & des terres nobles à la dîme de Bonrepos.

Tranſaction du 13 Mai 1575.

LE ſieur Pierre L'Ecuyer, & Olive ſa femme, avouée de Rohan, refuſoient de payer la dîme à l'Abbaye ſur leurs terres du Bois de Noyal, & ſur leur tenue de Querrio. *Ils di-*

foient que moitié des Bois de Noyal étoit terres nobles, acquifes de nobles perfonnes, conféquemment exemptes de toute dîme ; & quant à la tenue Querrio, ils foutenoient la dîme totale à la onzième gerbe n'être dûe, mais feulement à la trente-troifième. A ces prétentions uniquement fondées fur l'efprit d'erreur & de vertige qui s'étoit répandu dans le canton de Pontivy & de Corlay, plus que dans le refte de la Province, l'Abbé de *Bonrepos* oppofoit fa posfeffion, & l'enclave des terres contentieufes, *au dedans de fon trait de dîme de Querponner en la Paroiffe de Noyal.*

On plaida quelque temps en la Jurifdiction de Pontivy ; mais bientôt le fieur L'Ecuyer reconnut fa méprife, &, par acte notarié du 13 Mai 1775, il fe foumit à la dîme, & paya 17 *livres* pour les dépens de l'inftance.

Aveu de l'Abbaye du 13 *Mars* 1604.

LE droit de l'Abbaye s'y trouve dénommé & divifé en chaque Paroiffe, non par tenues ou pièces de terres, mais *par traits, par cours de dîmes ;* & le partage avec les Recteurs y eft référé à chaque article, partage des deux tiers au tiers, prefque par-tout ; partage égal en quelques cantons de la Paroisse de Merléac.

On trouve d'abord énumerés, tous les revenus ordinaires féodaux & fonciers dans
chaque Paroisse ; après quoi, viennent les dîmes dans l'ordre de chaque Paroisse : ainsi
les dîmes sont distinguées des autres biens,
autant qu'elles pouvoient l'être, eû égard à
leur qualité de dîmes inféodées.

Cinq transactions du mois de Mars 1629.

DIFFÉRENTS particuliers des villages de
Quermau, de Cordeleau, & de Queremar en
la Paroisse de Corlay, avoient refusé la dîme
au Monastère de *Bonrepos*, & plaidoient pour
soutenir leur exemption prétendue ; enfin,
mieux avisés, ils transigèrent, en se soumet-
mettant à payer la dîme & les dépens de
l'instance. L'Abbaye dans le dessein de justifier
l'universalité de son droit, a produit ces
actes passés pour terminer un procès, & qualifiés de *transaction* dans leur context. Les
défendeurs s'obstinent à n'y vouloir trouver
que des espèces d'aveux ou reconnoissances
d'une prestation féodale. Sur ce point, leurs difficultés sont nombreuses ; elles sont présentées
avec une extrême confiance : on est tout sur-

pris en lifant les pièces mêmes, de voir que l'objection n'a pas le plus léger fondement.

» D'abord, l'Abbaye a demandé les arréra-
» ges des vingt-neuf années dernières ; or on
» fçait que les dîmes eccléfiaftiques & inféo-
» dées ne tombent point en arrérages ». Il eft vrai ; mais on fçait auffi, qu'en Bretagne (1), comme en beaucoup d'autres Provinces (2), le champart ne s'arrérage point lorfqu'il eft quérable. Cette demande des vingt-neuf dernières levées ne prouve donc que l'erreur ou l'ignorance ou l'excès de zèle du Procureur qui dreffa les exploits pour l'Abbé de *Bonrepos*. Elle n'eut point d'effet, il ne fut point exigé d'arrérages.

Il y eut devant le Juge de Corlay des enquêtes refpectives ; les défendeurs préfument qu'*elles favorisèrent la prétention de l'Abbaye*. Il s'enfuivroit que les Paroiffiens de Corlay ont, il y a déjà long-temps, foutenu d'injuftes procès, pour fe fouftraire à la dîme de *Bonrepos*, mais nullement que cette dîme foit une preftation féodale.

____

(1) Voy. *Principes du Droit Français*, par M. Du Parc Poullain, *tom.* III, *page* 238, *n.* 124.

(2) Voy. Guyot, *Tr. des Fiefs*, tom. IV, page 466.

On a, dit-on, exactement défigné l'étendue, & les débornements des héritages reconnus fujets à cette dîme. Ce feroit une circonftance fort indifférente. Il eft bien naturel que, tranfigeant fur une queftion d'exemption de dîme, on déborne les héritages qui faifoient le fujet de la conteftation ; il n'en réfulte rien pour la qualité de la dîme. Mais que ces héritages ne foient point débornés, qu'ils foient indiqués feulement par le village qui les avoifine , cela répugne à l'idée d'une preftation féodale, & défigne évidemment une dîme d'origine eccléfiaftique. Or des cinq tranfactions fur le même procès, il n'en eft qu'une feule où le terrein foit déborné ; c'eft celle du 23 Mars 1629 , confentie par Tanguy *Olivier* au fujet d'une feule pièce de terre. Ainfi la remarque des adverfaires fe retourne contre eux , & ne prouve que leur négligence à examiner les titres où ils vont puifer leurs arguments.

C'eft encore une allégation démentie par les actes , de dire que les parties s'obligèrent à fournir déclaration. Cette claufe eft fuperflue , & ne fe trouve qu'en une feule des cinq tranfactions , en celle du même Olivier ; il n'y a rien de pareil dans les quatre autres.

Mais les parties *hypothéquèrent tous leurs biens au paiement de la dîme.* C'eſt un ſtyle de Notaires, c'eſt un abus des protocoles ; en ce genre, on voit tous les jours, des choſes bien plus étonnantes.

Enfin, elles *prorogèrent expreſſément la Juriſdiction de Corlay.* On a ci-deſſus donné les deux motifs qui rendoient la compétence de cette juriſdiction inconteſtable, malgré l'origine eccléſiaſtique de la dîme (1).

Enquête du mois de Mars 1641.

O N vient de recouvrer tout récemment cette pièce.

Elle apprend qu'en 1640, pluſieurs Paroiſſiens de Noyal-Pontivy voulurent s'exempter de la dîme des bleds - noirs, comme d'une dîme inſolite.

Trente témoins furent entendus au Siége Préſidial de Vannes à requête de l'Abbé de *Bonrepos* contre les Paroiſſiens de Noyal. Ces témoins étoient la plûpart d'anciens fermiers & ſous - fermiers des dîmes de l'Abbaye ; ils ſe réuniſſent pour atteſter, que ces dîmes ſe partagent des deux tiers au tiers avec le Rec-

---

(1) Voy. *ſuprà*, page 211 & 212.

teur, & *se lèvent* sur toutes les terres *maniè-rées*, *sur tous les bleds*, *sur toutes sortes de bled*, *dans chaque Tréve, frairie & village, sans aucun refus*, *contredit ni opposition*, *sans contestation de qui que ce soit*, dans toute l'étendue *de la Paroisse*, *de ses Tréves & de ses frairies*.

Tels sont les termes & le résultat de l'Enquête des 26, 27 & 28 Mars 1641. Il étoit impossible de rien dire de plus fort pour attester l'universalité du droit. Le titre qui suit est également remarquable.

Transaction du 13 Octobre 1664.

On y reconnoît l'assujettissement d'une terre *noble* à la dîme de *Bonrepos*. C'est un Président au Parlement qui acquiesce à une Sentence rendue au Siége de Ploermel, & dont l'appel étoit pendant en la Cour. Par cette Sentence, les Religieux avoient fait condamner le Sieur Carré à leur payer la dîme *des fruits crûs au lieu noble de Guerneho*, comme étant *ledit lieu dans l'enclave & dépendances du cours de dîmes de Rotudoret*, *Paroisse de Merléac*. Guerneho relevoit de la Seigneurie du Vaugaillard, alors appartenante à M. le Président Loaisel, qui intervint sous l'appel pour soutenir son vassal :
mais ,

mais, par cette tranfaction, l'un & l'autre fe défiftèrent, & le fieur Carré paya plus de 400 *livres* de dépens.

L'acte étant déjà rédigé, M. Loaifel écrivit avant fa fignature, qu'il fe défiftoit *à condition que le Prieur de* Bonrepos *lui délivreroit une copie en forme de l'acte de fondation par lequel, au décès des fieurs Du Houlle, le fieur Abbé de* Bonrepos *& fes Religieux font obligés d'aller quérir & transporter les corps Du Houlle & les faire enterrer aux conditions portées par ledit acte.* Les défendeurs voudroient infinuer que la dîme de Guerneho étoit le prix de cette fondation : il n'y en a nulle preuve ; & cela eft d'autant moins vraifemblable, que la feigneurie Du Houlle & celle du Vaugaillard d'où relève Guerneho, font deux corps de Seigneuries féparées.

Arrêt du 21 Janvier 1665.

IL a prononcé contré Yves Davalan & Jean Pafco, *parties principales*, auteurs de deux des adverfaires actuels, & contre le général de la Paroiffe de Pluffulien, *intervenant*, que l'Abbaye a droit de dîmer fur les bleds-noirs de cette Paroiffe, & à la même quotité que pour les autres grains.

Q

Cet arrêt n'admet aucune exemption ni réelle ni perſonnelle ; il condamne tous les Paroiſſiens dans la perſonne du général ; il juge donc que la redevance eſt univerſelle.

La dîme eccléſiaſtique des bleds-noirs eſt dûe, quand elle eſt établie par l'uſage ; il ne faut pas chercher d'autre motif à l'arrêt de Pluſſulien. Quel qu'il fût ce motif, l'arrêt a clairement jugé l'univerſalité de la dîme. L'affaire ſuivante offre la même déciſion.

Procès contre les Le Pollotec, jugé par arrêt du 30 Décembre 1667.

ON n'avoit ci-devant produit que l'arrêt ; mais on vient de recouvrer trois pièces qui donnent de nouvelles lumières. Ce ſont la Sentence de Corlay du 7 Octobre 1660, & deux Enquêtes faites par le ſous-fermier de l'Abbaye, l'une à Corlay le 25 Septembre 1659, & l'autre à Ploermel les 12 Mai & 9 Juin 1662.

Les Pollotec reclamoient l'exemption de la dîme, pour certaines terres ſituées en la Tréve de Saint-Ygeau, Paroiſſe de Laniſcat *dans l'enclave du trait de dîme de Kervellec.* Leur prétexte étoit que ces terres n'étoient pas convenancières, mais *tenues à héritage.* Condamnés fucceffivement à Corlay & à Ploermel, ils eurent le courage de relever appel en la Cour, où ils fuccombèrent comme dans les deux premiers tribunaux.

Qu'il foit permis de rapporter deux dépofitions de la feconde Enquête. Morice Le Calvé, neveu & commenfal d'un ancien fermier de la dîme de *Bonrepos*, attefte l'identité de cette dîme avec celle du Recteur; il obferve que la veuve Pollotec *n'empéche aucunement les dîmeurs du Recteur de lever* leur portion, mais qu'elle ne *veut fouffrir davantage les dîmeurs de* Bonrepos. Il ajoute, *que* toutes les terres labourables, *fituées en la Tréve de Saint-Ygeau,* tant nobles que roturières, *donnent & paient la dîme à ladite Abbaye.*

Jacques Le Glavec, ancien dîmeur de l'Abbaye, dit auffi *que* toutes les terres labourables fituées dans la Tréve de Saint-Ygeau, tant nobles que roturières, *paient la dîme à ladite Abbaye.*

Arrêt du 3 *Avril* 1696.

ENCORE un Arrêt pour maintenir le Monastère de *Bonrepos* dans le droit de dîme fur les terres *à héritage.* Le fieur Allanic, propriétaire de fonds au village de Guerbras en Noyal, vouloit s'en exempter parce qu'il devoit au fieur du Rofcoet une rente en grains, qu'il difoit provenir d'un abonnement de dîme. Il fut condamné à continuer la rente, & en même temps à payer la dîme de *Bonrepos*, *à l'onzième gerbe à la manière accoutumée.*

Arrêt du 8 Juillet 1699.

CELUI-CI a condamné de paver à l'Abbaye, la dîme des terres du lieu *noble* de Querfcommart.

Étonnés de tant d'arrêts qui rejettent fi clairement leur prétention, les adverfaires demandent que l'Abbaye ait *l'honnêteté de produire tous les jugements qui l'ont déboutée.* S'il y en avoit qui lui fuffent contraires, ils feroient aux mains des fuccefleurs de ceux qui les auroient obtenus ; ils n'auroient pas échappé aux perquifitions qu'on en fait depuis trente années ; on n'a pû en produire un feul ; le fieur Abbé de *Bonrepos* & fes Religieux peuvent affirmer avec vérité qu'ils n'en recèlent aucun. L'interpellation qu'on leur adreffe eft donc un aveu tacite de l'injuftice des procès par lefquels on a depuis deux cents ans vexé l'Abbaye, pour tâcher de détruire l'univerſalité de la preſtation en chaque cours de dîmes. Cette univerſalité a été confirmée en pur point de droit, & ſans égard à la poſſeſſion, par un dernier arrêt dont on va rendre compte.

Arrêt du 20 Juin 1747.

LE ſieur De Leſtrat, prenant la garantie pour ſon fermier, vouloit par le moyen de la preſcription, ou d'une prétendue poſſeſſion de liberté, exempter de la dîme de *Bonrepos* trois pièces de terre de la tenue Leſtrat, enclavée dans la dîmerie de Querloye, Paroiſſe de Malguenac. Sans ſe mettre en peine de rien prouver lui-même, le fermier de l'Abbaye ſoutint, d'après le ſeul fait de l'enclave qui n'étoit pas conteſté, que le ſieur Leſtrat devoit ſe ſoumettre ou prouver poſitivement ſon exemption. C'eſt ce qui fut jugé par Sentence de Pontivy du 31 Octobre 1729, & par arrêt confirmatif du 20 Juin 1747. L'eſpèce préſente eſt exactement ſemblable ; n'a-t-on pas lieu d'attendre la même déciſion ?

On paſſe à un autre caractère qui maniſeſte l'origine eccléſiaſtique des dîmes de *Bonrepos*.

V.

ELLES font dues de droit & fans actes recognitoires.

» IL eſt dû un acte recognitoire du cham-
» part ; au lieu que le débiteur de la dîme
» eccléſiaſtique ou inféodée n'en doit point
» d'acte de reconnoiſſance, parce que ces dî-
» mes ne font pas fondées ſur la convention
» entre le décimateur & les paroiſſiens (1) ».
L'Abbaye de *Bonrepos* lève dans ſes dîmeries,
en plus de douze Paroiſſes, les deux tiers ou
la moitié des dîmes ; elle n'en a point reçu
ni exigé d'acte recognitoire : car on n'appéllera
pas de ce nom des tranſactions ſur procès,
ci-devant diſcutées , & que les défendeurs
ont voulu traveſtir en aveux & dénombrements. Ces dîmes ont donc une origine eccléſiaſtique ; elles font fondées ſur les loix , ſur
l'uſage, & nullement ſur la convention.

Si elles pouvoient être jugées ſimples terrages, pluſieurs milliers de propriétaires ſeroient obligés d'en paſſer à l'Abbé de *Bonrepos*

______

(1) *Principes du Droit Français , ſuivant les maximes
de Bretagne* , tom. III , page 239 , n. 125.

chacun leur déclaration détaillée , marquant les débornements & l'étendue de chaque pièce de terre. La dîme des Recteurs est une portion de celle de l'Abbaye ; elle est de même nature , & conséquemment se règle de la même manière. Les Recteurs seroient donc forcés d'exiger aussi des actes de reconnoissance ; à chaque mutation il en faudroit de nouveaux. Quels frais immenses ! quelles gênes ! quels embarras pour tant de chefs de famille ! quelle source inépuisable de querelles & de procès !

Ce n'est pas tout : ceux qui , fidèles aux loix de l'Etat & à l'ancienne coûtume , payent la dîme exactement, ne voudroient point reconnoître cette qualité onéreuse de dîme foncière : ils allégueroient, & leur possession immémoriale d'être exempts d'actes recognitoires, & tous les moyens employés dans ce procès par l'Abbaye. Après avoir plaidé trente ans pour faire juger la nature ecclésiastique de ses dîmes, il faudroit à l'Abbaye procéder encore pendant des siècles, pour soumettre tous les redevables à lui fournir déclaration.

V I.

QUOTITÉ uniforme en chaque Paroiſſe ou cours de dîmes.

LE champart eſt une preſtation conventionnelle ; ſa quotité dépend du pacte fait avec chaque tenancier premier conceſſionaire ; elle eſt donc naturellement *preſque auſſi variée qu'il y a de vaſſaux qui la payent.* Il fallut cette circonſtance pour faire juger féodales, par l'arrêt du 9 août 1751, les dîmes de Carantoir (1) ; mais la quotité des dîmes de *Bonrepos* eſt la même en chaque Paroiſſe ou en chaque canton : elles ſe perçoivent conſtamment à l'onzième ou à la douzième gerbe, & jamais à la *tierce,* à la *quarte,* ou à la *quinte,* comme les droits de terrage. Cette quotité uniforme eſt prouvée par autant de titres qu'il y en a de produits au procès ; & réunie avec les autres caractères, elle ne laiſſe aucun doute raiſonnable ſur le fait de l'origine eccléſiaſtique.

---

(1) Voy. *Journal du Parlement de Bretagne ,* tome IV, page 297.

V I I.

DIMES de Bonrepos *se lèvent avant le champart Seigneurial.*

LE champart est lui-même sujet à la dîme, soit ecclésiastique, soit inféodée, & ne se lève qu'après qu'elle a été perçue. De là cet ancien proverbe de droit, *la dîme compte le terrage, le terrage ne compte pas la dîme.* C'est donc un caractère de dîme ecclésiastique, si elle *compte* le champart ou la dîme féodale ; or il se rencontre dans la dîme de *Bonrepos* : il est prouvé par la double reconnoissance qu'en fit Ecuyer Guillaume de Clehunault, dans une transaction du dernier jour de Septembre de l'an 1495.

Il avoit troublé la possession où étoit l'Abbaye, *d'avoir, lever & jouir d'un cours & devoir de dîme, nommé la dîme de Quergutuill, situé en la Paroisse de Saint-Martin, savoir de* 36 *gerbes de blé deux, auparavant que nul autre y puisse prendre autre droit & devoir de dîme.*

Par cette transaction, le sieur de Clehunault reconnut le droit de l'Abbaye pour deux corps d'héritages séparés & enclavés dans ce cours de dîme, *sauf à lui, la dîme prise par lesdits*

*Abbé & Couvent, à prendre ses devoirs Seigneu-
riels sur les hommes tenants terre de lui.*

VIII.

Novales comprises dans les dîmes de Bonrepos.

IL n'y avoit autrefois que le possesseur
d'une dîme ecclésiastique dans le principe, qui
eût droit de s'attribuer les novales dans l'é-
tendue de ses dîmeries. On sçait qu'avant
l'Edit du mois de Mai 1768, les novales appartenoient exclusivement aux Curés par le
droit commun, & à de certains Religieux,
gros décimateurs, comme à ceux des Ordres
de Cîteaux & de Prémontré, par privilège
soutenu de la possession (1).

L'Abbaye de *Bonrepos* a joui à cet égard,
& jouit encore en plusieurs cours de dîme,
du privilège de l'Ordre de Cîteaux auquel
elle appartient. Ce droit lui fut reconnu en la
Paroisse de Merléac dès 1312, par un titre
qui n'avoit pas encore été produit, par une
transaction ou sentence arbitrale entre l'Abbé

____

(1) Voy. *Cap.* 2, §. 1, *de decimis*, in-6. *Le Recueil
des Privilèges de l'Ordre de Cîteaux*, page 40. *Principes
du Droit Français*, tom. III, pag. 184 & suivantes.

& les Réligieux de *Bonrepos*, *d'une part*, le Chantre de l'Eglise Cathédrale de Quimper, Curé primitif de Merléac, & le Vicaire de cette même Paroisse, *d'autre part*. Cette piéce n'avoit point encore été produite.

Même jugement rendu au Conseil du Vicomte de Rohan, le 26 Août 1441, pour des novales dans les forêts de Quenecam, Poulanerch & Branguily, Paroisse de Saint-Mayeuc. En 1518, la novale ayant été refusée à l'Abbaye, sur une pièce au terroir de Poulanerch, dans le trait de dîme de Mesraden, en la même Paroisse ; une enquête de six témoins, en date du 13 Octobre 1518, justifia complettement la possession de l'Abbaye.

I X.

L E S terres qui doivent au Recteur la prémice abonnement de la dîme ecclésiastique, jugées exemptes de payer la dîme à l'Abbé de Bonrepos, *malgré l'enclave dans sa dîmerie, & malgré la possession.*

AUTREFOIS la prémice concouroit avec la dîme ecclésiastique : ce concours est encore d'usage en plusieurs Provinces de France ; mais en Bretagne, il a été aboli par la jurispru-

'dence des arrêts. Nous ne reconnoiſſons plus de prémice légitime, à moins qu'elle ne ſoit un abonnement de dîme eccléſiaſtique (1) ; celle qui ſe lève par ménage, n'eſt tolérée qu'à la condition de laiſſer à chacun un journal de terre labouré & enſemencé, franc de cette eſpèce de dîme.

Le Recteur de Saint-Mayeuc prétendoit une prémice de deux gerbes par chacune des quatre tenues qui compoſent le trait *des Granges*, en la Tréve de Caurel, où l'Abbaye eſt en poſſeſſion d'avoir ſeule toute la dîme à la douzième gerbe.

Les colons refuſoient cette prémice, comme payant en entier, ſans aucune franchiſe, la dîme eccléſiaſtique au Monaſtère de *Bonrepos*.

L'Abbaye fut miſe en cauſe ; on conclut à ce qu'elle fût obligée de laiſſer dans chaque tenue, un journal franc de dîme ; & il fut ainſi décidé ſouverainement au tribunal intermédiaire, le 13 Juillet 1773. Ce jugement ordonne en propres termes aux Religieux de *Bonrepos*, de laiſſer *un journal exempt de la dîme* eccléſiaſtique. On a donc jugé que leur dîme privative à la douzième, la ſeule qui

---

(1) *Journal du Parlement de Bretagne*, tom. III. chap. 17.

foit levée dans le trait *des Granges* , eft une dîme eccléfiaftique ; on l'a jugé à peu près au même temps, où, dans le même tribunal, on déclaroit toutes les dîmes de *Bonrepos* originairement profanes & laïcales.

Il refte à développer un dernier caractère de l'origine eccléfiaftique.

X.

LES dîmes de Bonrepos *font fujettes à toutes les charges & aux feules charges des dîmes inféodées.*

LES dîmes eccléfiaftiques d'origine, parmi lefquelles font toutes les dîmes que nous appellons en Bretagne dîmes *inféodées* , ont leurs charges particulières, fçavoir les gros ou les Portions-congrues des Recteurs, la réparation & l'entretien du chanceau, des ornements & des livres d'Eglife. Elles font exemptes des levées de deniers pour la reconftruction de la nef ou des presbytères des Paroiffes, pour l'entretien des ponts & chauffées dans les chemins de traverfe, pour la nourriture des bâtards, & généralement pour toutes les autres dépenfes communes, auxquelles font affujettis les champarts & terrages. Telle eft la jurifprudence conftamment obfervée dans notre Province.

Or l'Abbaye de *Bonrepos* n'a jamais contribué à raifon de fes dîmes, aux charges de cette dernière efpèce ; au contraire, elle a toujours fupporté les autres. Il n'eft pas poffible d'imaginer une plus forte preuve de l'origine eccléfiaftique des dîmes qu'elle perçoit.

On n'a pû citer contre elle aucun indice de contribution aux charges des redevances foncières ; il ne s'agit que de rappeller en peu de mots les actes qui juftifient qu'elle a payé les charges des dîmes originairement eccléfiaftiques. Elle n'eft obligée que fubfidiairement, parce que fes dîmes font tenues en fief ; d'un autre côté, la plûpart des Recteurs dans les Paroiffes où elle dîme, ayant confervé le tiers de la preftation, qui fuffit d'ordinaire pour l'acquit des charges, il ne faut pas s'étonner du petit nombre des titres dont on va préfenter l'analyfe.

Le premier eft l'acte de donation de 1373. Le Vicomte de Rohan ne tranfmit à l'Abbaye les dîmes référées en cette charte, qu'en impofant aux Religieux l'obligation de *rabattre* fur le produit *les penfions & devoirs qui font anciennement dûs fur lefdites dîmes.* Ces devoirs anciennement dûs, n'étoient autre chofe que la portion des Curés : ce font les adverfaires qui l'ont dit eux - mêmes dans leur Mémoire de 1772, (*page* 25). La claufe qui fe trouve dans la fuite du même acte, à l'article parti-culier des dîmes fituées dans le Diocèfe de Léon, *rabattant 28 rez de feigle, que l'on dit qui font dûs à plufieurs gentilshommes, fur les-dites dîmes,* ne détruit pas une interprétation fi naturelle, fi conforme à l'hiftoire & à l'u-fage. L'hiftoire nous a montré les Seigneurs laïcs poffeffeurs des dîmes eccléfiaftiques, obli-gés d'en laiffer le tiers pour la penfion des Prêtres deffervants les Eglifes Paroiffiales ; & nous voyons, dans tous les titres, l'Abbaye partager fes dîmes avec les Recteurs du terri-toire, en leur laiffant le tiers de la preftation.

En 1710, le Recteur de Croiffanvec, près Pontivy, abandonna fon tiers des dîmes, & opta la Portion-congrue. Par fentence du Siége Préfidial de Vannes, du 14 Août de la même année, l'Abbé de *Bonrepos* & fes codécima-teurs laïcs en Croiffanvec, furent condamnés en conféquence à payer la Portion-congrue de ce Recteur & celle de fon Vicaire. Les dé-cimateurs aimèrent mieux abandonner eux-mêmes leurs dîmes, que de fournir la Portion-congrue ; en conséquence, le Recteur de Croissanvec devint seul décimateur en sa Paroisse, & l'a toujours resté depuis. Tous ces faits sont consignés en un Mémoire imprimé, fourni dans un procès au Parlement par le Recteur de Croissanvec, vers 1740, & que l'Abbé de *Bonrepos* vient de recouvrer.

Autre exemple d'autant plus imposant qu'il est fondé sur deux arrêts, l'un du Parlement, & l'autre du Conseil d'Etat du Roi ; arrêts découverts & produits en 1784 par le sieur Abbé de la Biochaye. Il s'agissoit de reconstruire l'Eglise de Saint-Martin des Prés ; le devis montoit à 19500 *livres*, dont 4000 *livres* pour le chanceau. Par arrêt du Conseil du 2 Juin 1733, les décimateurs furent condamnés à fournir cette somme de 4000 *livres* ; il s'éleva des difficultés sur la répartition entre les décimateurs. Par arrêt contradictoire du 14 Décembre 1737, la Cour ordonna que l'Abbé de *Bonrepos* contribueroit aux 4000 *livres* pour 3367 *livres*, 8 *sols*, 6 *deniers* ; il obéit, son dernier paiement est constaté par une quittance de 1761, produite au procès.

Voilà des faits d'une importance majeure, & dont la preuve est très-authentique : mais

comme

(257)

comme rien n'échappe à la cenfure de nos in-
trépides adverfaires, ne pouvant faire une ob-
jeĉtion folide, ils employeront du moins des
conjeĉtures. *Peut-être*, l'arrêt de 1737 fut rendu
par expédient; *fans doute* l'Abbé de *Bonrepos* ne
confentit à cette contribution, que pour fe
procurer le moyen de faire déclarer fes dîmes
inféodées & univerfelles, comme celles des
Reĉteurs avec lefquels il les partage. C'eft-à-
dire, *fans doute* l'Abbaye à laquelle on ne dif-
putoit alors ni l'origine eccléfiaftique de fes
dîmes, ni leur univerfalité dans chaque dîmerie, fi ce n'eft à caufe de la tenue Leftrat dont
on a parlé, fe fera voulu foumettre, pour
ce chétif objet, à payer près de 4000 *livres*,
& à répéter des contributions femblables en
douze ou quinze Paroiffes. *Sans doute* le Général de Saint-Martin aura voulu favorifer ce
projet injufte, & reconnoître folemnellement
l'origine eccléfiaftique des dîmes de *Bonrepos*,
afin d'ôter aux Paroiffiens tout prétexte de
s'en exempter.

Mais du moins, ajoutent les défendeurs,
cet arrêt n'a pû altérer « la qualité des biens
» dont il s'agit; elle eft immuablement fixée
» par un fait indeftruĉtible; il faudroit, pour
» la changer, un décret de l'autorité fouve-

» raine; les biens roturiers ne deviennent
» point nobles, parce que les propriétaires
» veulent bien payer le franc-fief; les gens
» du tiers-état n'acquièrent pas la nobleſſe,
» en contribuant à quelques taxes particulières
» aux nobles; un champart n'acquiert donc
» pas les privilèges de la dîme eccléſiaſtique,
» pour avoir concouru avec elles au paiement
» de réparations qu'elles devoient.

Raiſonner de la ſorte, c'eſt vouloir donner le change, c'eſt mettre la thèſe en preuve, & ſuppoſer ce qui fait la queſtion. Il s'agit de ſçavoir préciſément, ſi les dîmes de *Bonrepos* ſont des champarts ou des dîmes eccléſiaſtiques. On ne demande pas ſi elles ont pû changer de nature, mais s'il eſt poſſible de les juger profanes, lorsque cette qualité chimérique n'eſt appuyée ſur aucune preuve, lorſqu'elle eſt démentie par les faits, & par tous les ſignes caractériſtiques d'une inſtitution religieuſe.

On a produit une déclaration ou quittance du Recteur de Silfiac, de l'an 1761, par laquelle il atteſte que l'Abbaye de *Bonrepos* a payé juſqu'à cette époque, la Portion-congrue à lui & à ſon Vicaire, qu'elle fournit les ornements & les livres d'Egliſe, & l'entretien

(259)

du chanceau. Les défendeurs répondent, que *cela peut provenir de ce que l'Abbaye possède la dîme rectoriale;* mais dans cette Paroisse, comme dans les autres, la dîme rectoriale étoit le tiers de celle de l'Abbaye, & faisoit partie d'un même tout. L'Abbaye n'a possédé ce tiers qu'en vertu des actes d'abandon & d'option de Portion-congrue, autrefois signifiés de la part du Recteur : on ne lui eût pas proposé un abandon si onéreux, elle ne l'eût pas accepté, si, de part ou d'autre, on eût considéré les dîmes de *Bonrepos* comme des prestations foncières. Au reste, l'augmentation des Portions-congrues a forcé l'Abbé & les Religieux de *Bonrepos* de renoncer eux-mêmes à toutes leurs dîmes de Silfiac & de Perret sa Trève, & d'en faire l'abandon au Recteur actuel de cette Paroisse, comme il est justifié par actes authentiques des 21 Mai & 5 Novembre 1783.

Tels sont les différents titres qui justifient le gouvernement des dîmes de *Bonrepos* depuis 1373, & qui caractérisent leur origine ecclésiastique. On va finir par l'examen de ceux que les tenanciers allèguent en leur faveur; la discussion n'en sera ni longue ni difficile.

R 2

TITRES DES ADVERSAIRES.

Si on veut les en croire, ils ont neuf titres également décisifs, pour s'attribuer l'exemption des dîmes de *Bonrepos*.

> Deux aveux & un minu des héritages d'Yves Tilly, des années 1433, 1495 & 1577.
>
> Une lettre de Marguerite Ducheſſe de Rohan, de l'année 1650.
>
> Un aveu des Le Bihan, du 12 Avril 1712.
>
> Un aveu d'un Tanguy, de 1711.
>
> Un aveu d'un Hervé, de 1712.
>
> Un aveu des Caven, de 1712.
>
> Un contrat d'acquêt de la Métairie de Quermahourne en Saint-Mahieuc.

On doit remarquer d'abord que ces titres s'ils étoient ſuffiſants, ne pourroient s'appliquer qu'aux héritages en très-petit nombre qui s'y trouvent référés.

En ſecond lieu, il faut retrancher du nombre de ces titres, les deux aveux & le minu des terres d'Yves Tilly. Ces trois actes ne font que silentieux ; s'il n'y est point question des dîmes de *Bonrepos*, c'est qu'en général les redevables ne doivent point d'acte recognitoire de la dîme originairement ecclésiastique.

La lettre de Marguerite de Rohan fait défense à l'Abbaye de prendre les novales, & de concourir avec les Recteurs, fur les défrichements de la forêt de Quenecam, jusqu'à *ce que les Religieux eussent fait apparoir de bon & valable titre.*

Ils avoient bon & valable titre fuivant l'usage de ces temps-là, dans les privilèges de l'Ordre de Cîteaux concernant les novales, & sur-tout dans la décision donnée au Conseil du Vicomte de Rohan le 26 Août 1441 (1) : aussi jouissent-ils encore fans contradiction de cette dîme des novales de la forêt de Quenecam. Mais comme il s'agit ici de novales, & que de droit commun, avant l'Edit de Mai 1768, les novales appartenoient aux Curés à l'exclusion des gros décimateurs, foit ecclésiastiques, foit inféodés ; quand la lettre de 1650 feroit une fentence, une fentence définitive & passée en force de chose jugée, elle

---

(1) Voy. *suprà*, §. VIII, *page* 251.

(262)

ne feroit pas le plus léger nuage , elle ne
fourniroit aucune préfomption de l'origine laïcale des dîmes de *Bonrepos*.

L'aveu des Le Bihan , du 12 Avril 1712 ,
n'eft rien moins qu'un titre d'exemption. On
y reconnoît devoir *la dîme à la manière accoutumée* : cette expreffion n'eft favorable qu'à
l'Abbaye ; la manière accoutumée eft fans
doute celle qui s'obferve généralement. Or ceux
qui refufent la dîme de l'Abbaye , qui ne veulent payer que la quote-part des Recteurs ,
font le très-petit nombre , en comparaifon des
autres qui paient le total de la dîme. Dans
plufieurs des Paroiffes où l'Abbaye eft décima-
trice , elle ne compte pas un feul refractaire.

Reftent l'aveu de 1711 , & les trois autres
de 1712 , avec le contrat d'acquêt de Quer-
mahourne , où les héritages mentionnés font
déclarés exempts de la dîme *abbatiale* , & n'être
fujets qu'à la dîme *rectoriale*.

Ce ne font pas des titres de cette efpèce ,
non contradictoires avec le décimateur , qui
peuvent établir l'exemption. Il a été jugé pofitivement , que les énonciations de liberté
dans les contrats de vente (1) , dans les aveux

____

(1) Voy. le *Repertoire de jurifpr.* verbo DIXME , *tom.* VI,
in-4o. page 41 , *col.* 1 , arrêt du Ier. Septembre 1766.

(1), ne fçauroient difpenfer de payer la dîme. *Dénombrement baillé ne préjudicie à autrui ; Res inter alios acta tertio non nocet.* On perdroit fon temps à vouloir prouver ces principes élémentaires, dictés par la raifon & confirmés par la pratique univerfelle. Ils repofent au rang des maximes les plus inconteftables, & ne fouffrent nulle exception dans cette matière où la prefcription n'eft pas admiffible.

Voilà donc à quoi fe réduifent les titres de nos adverfaires :

Trois aveux où il n'eft pas même queftion de dîme ;

Une lettre qui n'eft relative qu'aux novales d'un canton, qui ne prouveroit que le défir d'une grande Princeffe, & qui eft rendue inutile par un jugement antérieur & folemnel, par la poffeffion continuelle & encore aujoursd'hui fubfiftante ;

Un aveu plûtôt favorable que contraire au fieur Abbé de la Biochaye ;

Enfin, trois autres aveux & un contrat de vente, actes fimplement énonciatifs, actes étrangers au Monaftère de *Bonrepos*, & qui, fuffent-ils valables, ne ferviroient qu'à deux feuls tenanciers.

---

(3) Voy. *Journal des Audiences*, arrêt du 22 Août 1684.

On peut maintenant juger fi ces prétendus titres, fi les frivoles objeétions tirées de ceux de l'Abbaye, fi le fabuleux fyftême des anciennes dîmes profanes, & de l'inexiftence abfolue de dîmes eccléfiaftiques en Bretagne, peuvent feulement balancer les moyens évidents raffemblés fous les quatre Propofitions de ce Mémoire, dont une feule fuffiroit pour établir le bon droit du demandeur.

Première Propofition. Quelles que foient l'origine & la deftination primitive des dîmes tenues en fief, la poffeffion de liberté eft inutile pour les héritages enclavés dans les dîmeries de *Bonrepos.*

Les dîmes tenues en fief font imprefcriptibles, pourvû que leur nature laïcale ne foit pas conftatée ou reconnue ; c'eft ce qu'on a prouvé par la raifon & l'analogie, par le fentiment des auteurs, par la jurifprudence des arrêts, & en particulier par celle du Parlement de Rennes. Dans l'efpèce préfente, la règle de l'enclave feroit feule un moyen viétorieux; il exclut toute prefcription : d'ailleurs, les adverfaires en payant la dîme reétoriale qui, fuivant les titres, eft par-tout le tiers ou la moitié de leur dette, n'ont pû qu'entretenir & conferver l'obligation de payer le tout.

Seconde Propofition. L'hiftoire dépofe qu'en Bretagne comme dans toute la France, prefque toutes les dîmes tenues en fief font eccléfiaftiques dans leur principe. Tant que la fource laïcale n'eft pas clairement juftifiée, on doit donc les préfumer d'origine eccléfiaftique.

C'eft ce qu'on a développé, en montrant que la doctrine contraire fe détruit d'elle-même, & qu'elle tend à renverfer les règles fondamentales de notre Jurifprudence. Examinant au flambeau de la critique les preuves générales de l'ancienne exiftence des dîmes profanes, il s'eft trouvé qu'elles n'ont pour bafe que des textes étrangers à la Bretagne & à la Vicomté de Rohan, des textes pris à contre-fens, des textes faux ou infidèlement rapportés.

Paffant à ce qui regarde l'établiffement des dîmes eccléfiaftiques, on a vû qu'au moins, dès le huitième fiécle, & peut-être dès le fixième, les dîmes furent ordonnées en France par l'autorité royale ; mais que la Bretagne eft le premier pays du monde où elles ayent été demandées par le corps des Evêques, le premier où elles ayent été payées avec fidélité ; qu'elles y étoient univerſellement levées par la ſeule force de la coûtume dès le milieu du ſeptième ſiécle ; & qu'au commencement du neuvième, l'autorité ſouveraine confirma cet uſage par les loix les plus formelles.

En Bretagne comme ailleurs, les ſéculiers poſſédèrent autrefois la plûpart des dîmes, & en tranſportèrent un grand nombre aux Egliſes Cathédrales & Collégiales, ſur-tout aux Monaſtères. Mais ces dîmes étoient originairement eccléſiaſtiques ; c'étoit le patrimoine du Clergé qui lui étoit rendu, après avoir paſſé aux mains des laïcs, par l'autorité des chefs de l'Etat, par les aliénations forcées ou volontaires des Prélats & des Bénéficiers, par l'extenſion abuſive des droits du patronage, par l'uſurpation des Seigneurs laïcs. Ces différentes cauſes de l'interverſion des dîmes & leurs effets dans notre Province, ont été juſtifiés par des monuments eccléſiaſtiques & civils de tous les lieux & de tous les âges, par les chartes de notre hiſtoire, par le ſentiment preſque unanime de tout ce qu'il y a eu de ſçavants Juriſconſultes.

Après avoir ainſi tracé la véritable origine,

les révolutions de nos dîmes ecclésiastiques, démontré leur antique exiftence, on a fait voir qu'en Bretagne, les redevances féodales appellées *dîmes*, font rares & nouvelles, poftérieures à l'établiffement des véritables dîmes, & même aux reftitutions qui en furent faites; que les preftations foncières avoient un nom particulier, celui de *champart* ou de *terrage*, & fe levoient à une quotité beaucoup plus forte que la dîme; qu'ils n'ont pû conféquemment fe confondre avec elle. Tant de preuves raffemblées n'ont dû laiffer aucun doute fur la préfomption fi naturelle de l'origine eccléfiaftique des dîmes tenues en fief.

Troifième Propofition. Les loix de l'Eglife & celles de l'Etat, la jurisprudence des arrêts, ont adopté cette préfomption fondée fur les témoignages de l'hiftoire, & lui ont prêté une force nouvelle.

C'eft ce qu'on a montré par le tableau exact des loix & de la jurisprudence fur la reftitution des dîmes tenues en fief; fur l'état de ces dîmes, foit dans les mains des laïcs, foit après leur retour dans celles du Clergé, & fur la contribution de ces mêmes dîmes aux dépenfes du culte.

Quatrième Proposition. La préfomption hifto-
rique & légale de l'origine eccléfiaftique des
dîmes de *Bonrepos*, fe convertit en une preuve
complette & démonftrative, fi on la rapproche
des titres de toute efpèce qui caractérifent le
gouvernement eccléfiaftique de ces mêmes
dîmes depuis plus de quatre fiécles, fans qu'il
y ait aucune preuve de leur nature prétendue
laïcale.

Elles font par-tout appellées *dîmes*, & jamais
terrage ou *champart*, ou d'autre nom femblable;
elles font même qualifiées dîmes *efpirituelles*,
dîmes *inféodées*, dîmes *de droit divin*.

Pour en difpofer, les Seigneurs de Rohan
ont requis le confentement de l'Evêque.

Elles ne font qu'un feul tout avec la dîme
des Recteurs; elles fe lèvent même auparavant,
& il n'y a point d'autre dîme eccléfiaftique
dans les mêmes lieux.

Elles ne fuivent point les divifions des fiefs,
des Seigneuries, des tenues particulières, mais
celles des Paroiffes, des Trèves, des frairies
& cantons appellés *traits* ou *cours de dîmes*.
Il n'y a d'exemptions ni pour les terres nobles,
ni pour celles à héritage. Si quelques-uns ont
paru avoir acquis une forte de poffeffion de

liberté ; l'injuſtice & la révolte, la cabale & l'erreur, la violence & l'héréſie ont ſeules produit ces franchiſes paſſagères : le droit eſt univerſel dans chaque dîmerie. Ainſi reconnu, ainſi jugé continuellement depuis des ſiécles, reconnu par les auteurs même des défendeurs, jugé contr'eux en la Cour & dans tous les Tribunaux.

La quotité en eſt uniforme & différente de celle du terrage ; elles ſe lèvent avant lui, & les redevables n'en paſſent point d'actes recognitoires.

En pluſieurs cantons elles comprennent les novales.

On en exempte les terres qui payent la prémice réputée abonnement de la dîme eccléſiaſtique ; enfin, elles ſupportent toutes les charges & les ſeules charges des dîmes que nous appellons proprement *inféodées*.

Ainſi, plus on approfondit cette affaire, & plus on eſt convaincu de la juſtice des droits de l'Abbaye : elle a en ſa faveur, non-ſeulement les principes du droit commun, la préſomption fondée ſur l'hiſtoire établie par la loi, mais auſſi les titres particuliers les plus formels. Dans cet état, la priver de ſes dîmes, ou, ce qui feroit la même chofe, exiger d'elle une preuve de poffeffion fur chaque tenancier, ce feroit annoncer à tous les décimateurs du Royaume , eccléfiaftiques & féculiers , l'anéantiffement de toutes les dîmes qu'ils perçoivent fans actes recognitoires.

Mc. TUAL, Procureur.

Deuxième des Enquêtes du Parlement de Rennes.

Monfieur LE GOUVELLO, Rapporteur.

A AVRANCHES, de l'Imprimerie de Le Court.

ADDITIONS ET CORRECTIONS.

*P*AGE 27, *ligne* 16, *effacez les mots :* fur lefquels repofe tout le fyftême.

Page 30, *ligne* 2, fouftrait, *lifez* fouftraites.

Page 44, *ligne* 5, *ajoutez :*

Une dernière obfervation fur le prétendu teftament de *Leodeboldus* ou *Leodebodus*, eft que ce prétendu Seigneur laïc étoit un Eccléfiaftique, un Prélat régulier, l'Abbé du Monaftère de Saint-Anian, près d'Orléans. C'eft Dom Mabillon qui nous l'attefte, dans les Annales de fon ordre, *tome* I, *page* 380. L'acte entre vifs qu'on appelle *teftament*, & qui doit être le titre de fondation de l'Abbaye de Fleury, commence ainfi : *Ego Leodebodus,* *peccator, ABBAS, EPISTOLA à me fcripta.* Dom Mabillon examine *ibidem,* *p.* 381, de quel droit cet Abbé pouvoit en 641, date de l'acte, employer les biens de fon Abbaye à en fonder une autre ; il trouve que c'étoit par le confentement de fes Religieux, & rapporte plufieurs exemples femblables. Il s'enfuit toujours, qu'à fuppofer le prétendu teftament vrai & fincère, même dans toutes ſes parties , on n'y trouveroit qu'une dîme d'origine eccléſiaſtique.

Page 51 , *ligne* 12, après *de droit divin*, ajoutez :

» Charlemagne lui-même, dans le Capitu- » laire de 789 (*Edit. de Baluʒe, tome* I, *col.* » 253) déclare que c'eſt conformément à » la loi de Dieu, *ſecundùm Dei mandatum*, » qu'il enjoint à tous les Saxons nobles & » non nobles de payer la dîme ».

Page 77, dans la note, après *Abbas laïcus*, ajoutez :

Voy. ſur-tout GALLAND, *Traité du franc- aleu & origine des droits ſeigneuriaux*, Paris 1637, in-4°, pag. 278 & ſuivantes.

Page 87, *ligne* 7, Pontigny, *liſeʒ* Pontion.

Page 120, en note, *ligne* 9, *liſeʒ* can. 14.

Page 139, note (4), page 386, *liſeʒ* pag. 836.

Page 166, au lieu des lignes 4 & 5 de la note, *liſeʒ :* retenir ce que des laïcs poſſédoient, mais encore à s'approprier à l'avenir toutes les dîmes du Clergé, par la voie de l'inféo- dation.

Page 169, *ligne* 12, de la note, *de decimis de in-6, liſez, de decimis in-6.*

F I N.

9 782329 590929